DIETER WILKE

Zeugnisreform als Erziehungsreform

Studien und Gutachten aus dem Institut für Staatslehre,
Staats- und Verwaltungsrecht der Freien Universität Berlin

Heft 9

Zeugnisreform als Erziehungsreform

Rechtsgutachten über die Verfassungsmäßigkeit
der in den Jahren 1976 und 1977 getroffenen Zeugnisregelung für die
Klassen 1 und 2 der Grundschule in Nordrhein-Westfalen

Von

Prof. Dr. Dieter Wilke

DUNCKER & HUMBLOT / BERLIN

Alle Rechte vorbehalten
© 1980 Duncker & Humblot, Berlin 41
Gedruckt 1980 bei Buchdruckerei Bruno Luck, Berlin 65
Printed in Germany
ISBN 3 428 04796 6

Vorwort

Das Land Nordrhein-Westfalen hat in den Jahren 1976 und 1977 eine Zeugnisreform durchgeführt, die für die Klassen 1 und 2 der Grundschule die frühere Praxis der Zeugnisnoten beendete und an ihre Stelle Beurteilungen ohne Noten treten ließ. Der Sache nach ist die Zeugnisreform zugleich eine Erziehungsreform, weil in den Zeugnissen neuer Art das „Sozialverhalten" der Schüler beurteilt wird. Die Geltendmachung eines derartigen staatlichen Erziehungsanspruchs wirft verfassungsrechtliche Probleme auf, die nicht landesspezifisch sind, sondern das Schulwesen im gesamten Bundesgebiet betreffen. Die Kernfrage ist die nach der Reichweite des Gesetzesvorbehalts. Sie hat dem Verfasser, der sich durch ein kürzlich veröffentlichtes Urteil des Bundesverwaltungsgerichts vom 12. Dezember 1979 (NJW 1980, S. 1970) bestätigt sieht, die Gelegenheit geboten, eine Lanze für den klassischen Eingriffsvorbehalt zu brechen.

Dieses Gutachten hat in einem Verwaltungsstreitverfahren vorgelegen, das von den Eltern eines Schülers angestrengt worden war und der Prüfung der neuen Zeugnisregelung dienen sollte.

Berlin, im Oktober 1980

Dieter Wilke

Inhaltsverzeichnis

A. Die nordrhein-westfälische Zeugnisreform

I. Empfehlungen der Kultusministerkonferenz 9

II. Durchführung der Zeugnisreform 9
  1. Der Runderlaß des Kultusministers vom 13.5.1976 9
  2. Die „Vorläufigen Hinweise" vom 20.7.1976 10
     a) Zweck der Zeugnisse 10
     b) Formulierungshilfen 11
  3. Der Runderlaß des Kultusministers vom 22.3.1977 12
  4. Der Runderlaß des Kultusministers vom 8.6.1978 13
  5. Nicht-offizielle Unterstützung der Zeugnisreform 13

III. Die bisherigen Beurteilungen der Zeugnisreform 15
  1. Positive Beurteilungen 15
  2. Juristische Beurteilungen 15

IV. Der Gegenstand des Gutachtens 16

V. Zeugnisreform und staatlicher Erziehungsanspruch 17

B. Die verfassungsrechtliche Bewertung der Zeugnisreform

I. Vom Kultusminister zitierte Rechtsgrundlagen der Zeugnisreform 20
  1. Empfehlungen der Kultusministerkonferenz 20
  2. NW Schulordnungsgesetz und Landesverfassung 21
     a) NW Schulordnungsgesetz 21
     b) NW Verfassung 21
     c) Zitate als rhetorischer Schmuck 22

II. Der Gesetzesvorbehalt als Eingriffsvorbehalt 22
  1. Das Prinzip des Gesetzesvorbehalts 23
  2. Charakterisierung schulischer Aktivitäten 23
  3. Rechtliche Bewertung der Lenkung kindlichen Sozialverhaltens 25
     a) Begriff des Eingriffs 25
     b) Geltungsbereich des Gesetzesvorbehalts 26

Inhaltsverzeichnis

   c) Faktische Beeinträchtigungen als Grundrechtseingriffe 27
   d) Schulische Maßnahmen als faktische Grundrechtseingriffe 30
   e) Die betroffenen Grundrechte 34

III. Der Gesetzesvorbehalt als Wesentlichkeitsvorbehalt 34
  1. Neues Fundament des Gesetzesvorbehalts 35
  2. Einwände gegen den Wesentlichkeitsvorbehalt 35
  3. Voraussetzungen des Wesentlichkeitsvorbehalts 38
   a) Kriterien der Wesentlichkeit 38
   b) Die Zeugnisreform als wesentliche Maßnahme 41

IV. Die Beschränkbarkeit der betroffenen Grundrechte 44
  1. Das Grundrecht der Persönlichkeit 45
  2. Das elterliche Erziehungsrecht 45
  3. Das staatliche Erziehungsrecht (Art. 7 I GG) 46

V. Die vorhandenen Rechtsgrundlagen der Zeugnisreform 48
  1. Das Grundgesetz 48
  2. Die Verfassung des Landes Nordrhein-Westfalen 49
  3. Das Schulrecht des Landes Nordrhein-Westfalen 53
   a) NW Schulordnungsgesetz 53
   b) NW Schulverwaltungsgesetz 55
   c) Fehlen ausreichender Rechtsgrundlagen 56
  4. Verfassungswidrigkeit der Zeugnisreform 56

VI. Probleme der Unbeachtlichkeit und der Korrektur des Verfassungsverstoßes 56
  1. Keine übergangsweise Hinnahme des Verfassungsverstoßes 56
  2. Keine Heilung des Verfassungsverstoßes 57
  3. Korrektur des Verfassungsverstoßes 58

A. Die nordrhein-westfälische Zeugnisreform

I. Empfehlungen der Kultusministerkonferenz

Im Jahre 1970 sprach die Ständige Konferenz der Kultusminister „Empfehlungen zur Arbeit in der Grundschule" aus, die sich unter anderem mit der Erteilung von Zeugnissen befassen[1]. Danach soll in den ersten und zweiten Grundschulklassen „die vorgeblich genaue Benotung der Leistungen in den einzelnen Teilgebieten des Unterrichts" entfallen[2]. Am Ende eines Schuljahres soll vielmehr „eine allgemeine Beurteilung des Kindes in freier Form im Zeugnis" stattfinden[3]. Ferner heißt es in den „Empfehlungen"[4]: „Neben der Begutachtung des *Sozial- und Arbeitsverhaltens* sind Hinweise auf Interessen, besondere Fähigkeiten und Schwächen zu geben." In den „folgenden Klassenstufen soll das Zeugnis neben einer allgemeinen Beurteilung auch Einzelzensuren enthalten"[5].

II. Durchführung der Zeugnisreform

Das Land Nordrhein-Westfalen befolgte im Jahre 1976 den Beschluß der Kultusministerkonferenz und führte durch Verwaltungsvorschriften eine Regelung ein, die den Empfehlungen zur Gestaltung der Zeugnisse entsprach.

1. Eingeleitet wurde die Zeugnisreform durch einen *Runderlaß des Kultusministers vom 13. Mai 1976*[6], der „auf der Grundlage des Be-

---

[1] Beschluß der Kultusministerkonferenz vom 2.7.1970 (Sammlung der Beschlüsse der Ständigen Konferenz der Kultusminister der Länder in der Bundesrepublik Deutschland, Neuwied/Darmstadt, o.J. [130.2, Abschnitt VI]). — Die Empfehlungen, soweit sie sich auf Zeugnisse beziehen, sind abgedruckt bei *Ossenbühl*, Fritz: Rechtliche Grundfragen der Erteilung von Schulzeugnissen, Berlin, 1978, S. 7 f., sowie in den „Grundlagen und Materialien zur Neuregelung der Zeugnisse für die Grundschule", 2. Anlage zu Heft 42 der Schriftenreihe des Kultusministers „Die Schule in Nordrhein-Westfalen", o.O., o.J. (1977), S. 7.
[2] „Empfehlungen" (Fn. 1) sub VI 2.
[3] Ebd.
[4] Ebd. (Hervorhebung nicht im Original).
[5] Ebd. sub VI 3.
[6] — II A 1.36 — 60/0 — 552/76 —, veröffentlicht in: Gemeinsames Amtsblatt des Kultusministeriums und des Ministeriums für Wissenschaft und Forschung des Landes Nordrhein-Westfalen (GABl.) 1976, S. 275; abgedruckt in „Grundlagen und Materialien" (Fn. 1), S. 10, sowie bei *Bartnitzky*, Horst/*Christiani*, Reinhold: Zeugnis ohne Zensuren, Düsseldorf, o.J. (1977), Die neue Grundschule Bd. 14, S. 128.

schlusses der KMK vom 2.7.1970"[7] erging. In dem Runderlaß wird einleitend beklagt, „daß das überkommene Zeugnissystem der pädagogischen Zielsetzung der Grundschule und dem Informationsbedürfnis der Eltern nicht genügen kann"; deshalb seien „zur Schülerbeurteilung und zur Minderung des Leistungs- und Zensurendrucks... individuellere und aussagekräftigere Zeugnisse" vonnöten. Wie derartige Zeugnisse nach Ansicht des Ministers beschaffen sein müssen, ergibt sich aus dem „Muster", das dem Erlaß als Anlage beigefügt ist[8] und als verbindliches Vorbild für Zeugnisformulare dient. In den Klassen 1 und 2 sind — vom Einschulungsjahrgang 1976 an — „künftig ausschließlich Jahreszeugnisse mit allgemeinen Beurteilungen ohne Noten, in den Klassen 3 und 4 auch Halbjahreszeugnisse vorgesehen". In den Klassen 3 und 4 treten neben die allgemeinen Beurteilungen „auch Einzelzensuren". Das ministerielle Zeugnismuster enthält vier Abschnitte, die für die „allgemeinen Beurteilungen" bestimmt und folgendermaßen überschrieben sind: „Sozialverhalten", „Arbeitsverhalten", „Hinweise zu den Lernbereichen", „Bemerkungen".

2. Wie im Erlaß vom 13. Mai 1976 angekündigt[9], erteilte der Kultusminister den Schulen alsbald „*Vorläufige Hinweise zur Erstellung der Zeugnisse*"[10]. Die „Vorläufigen Hinweise" wiederholen die im „Bezugserlaß"[11] geäußerte Kritik am „überkommene(n) Zeugnissystem" und tadeln das „bisherige Notensystem", weil es nicht die Möglichkeit geboten habe, „das Kind in allen seinen Fähigkeiten voll zu erfassen und darzustellen". Erforderlich seien „individuelle und aussagekräftige Zeugnisse, in denen das *Sozial- und Arbeitsverhalten*[12] eines Schülers beschrieben und Hinweise zu den Lernbereichen gegeben werden".

a) Der *Zweck der Zeugnisse* ist folgender: „Zeugnisse sollen den Schülern erzieherische Hilfen geben und ihnen ermöglichen, für ihr künftiges Bemühen Folgerungen zu ziehen. Den Eltern sollen sie Auskunft erteilen über die Lernfortschritte ihrer Kinder. In diesem Sinne sollte als Prinzip für diese Altersstufe angestrebt werden, die Lernfortschritte vorrangig am eigenen Entwicklungs- und Leistungsstand des Schülers festzustellen."

---

[7] Diese Berufung auf die Empfehlungen der Kultusministerkonferenz findet sich eigenartigerweise nicht in dem Runderlaß vom 13.5.1976 selbst, sondern erst in der Einleitung eines späteren Runderlasses vom 22.3.1977 (vgl. unten II 3).

[8] „Runderlaß" (Fn. 6), S. 276—277.

[9] Vgl. oben Fn. 6 (GABl. S. 275 [letzter Abs.]).

[10] „Vorläufige Hinweise zur Erstellung der Zeugnisse für die Klassen 1 und 2 der Grundschulen in Nordrhein-Westfalen gemäß RdErl. des Kultusministers vom 13. Mai 1976 II A 1.36-60/0-552/76 (GABl. S. 275) (Stand: 20. Juli 1976)" (amtlich nicht veröffentlicht).

[11] Vgl. oben Fn. 6.

[12] Hervorhebung nicht im Original.

II. Durchführung der Zeugnisreform

Das Ziel der Reform ist ein Zeugnis, „das sowohl Auskunft über das *Sozial- und Arbeitsverhalten*[13] als (sic) über den erreichten Leistungsstand in einzelnen Lernbereichen geben kann". Die „Vorläufigen Hinweise" bekennen sich daher zur „Gleichrangigkeit der vier Lerndimensionen ..., der überwiegend kognitiven, emotionalen, pragmatischen Dimension und der Dimension des überwiegend sozialen Lernens". Besonders ausführlich widmen sich die „Vorläufigen Hinweise" dem Sozial- und Arbeitsverhalten:

> „Eine aussagekräftige Beurteilung des Sozial- und Arbeitsverhaltens ist nur möglich, wenn die einzelnen Faktoren dieses Verhaltens qualitativ genau erfaßt werden. Dazu ist eine kontinuierliche und nicht nur punktuelle Schülerbeobachtung notwendig. Darum sind Beobachtungsergebnisse und Lernfortschritte festzuhalten und zur Grundlage von Elternberatung und Zeugniserteilung zu machen."

b) Die „Vorläufigen Hinweise" lassen es nicht mit allgemeinen Prinzipien bewenden, sondern halten „*Formulierungshilfen*" bereit: als „Beispiele für Aussagen auf den Zeugnissen, die den Eltern verständlich sein sollen". Diese „Orientierungshilfe"[14] für den Lehrer läßt erkennen, daß auch „negative Aussagen" zulässig sein sollen, wenngleich sie „mit besonderer Sorgfalt zu formulieren" sind. Der Katalog der Bewertungsmaßstäbe folgt in seinem Aufbau dem Zeugnismuster des Runderlasses vom 13. Mai 1976[15] und wendet sich daher in seinem ersten Abschnitt dem „Sozialverhalten" zu, das in vier Kategorien zerlegt wird: „Kontaktfähigkeit", „Kooperationsbereitschaft", „Konfliktverhalten" und „Gesprächsfähigkeit". Die damit bezeichneten Eigenschaften oder Verhaltensweisen werden durch standardisierte Formeln beschrieben, wobei „einschränkende, verstärkende, hervorhebende oder abschwächende Zusätze" verwendet oder — durch Freihalten von punktierten Leerstellen (.....) — empfohlen werden.

Kontaktfähig ist der Schüler, der „kontaktfreudig" oder wenigstens „kontaktbereit" ist; wer „zurückhaltend" oder gar „schüchtern" ist, weist offenbar die positive Eigenschaft nicht in dem gewünschten Maße auf. Zur Kontaktfähigkeit rechnen die „Vorläufigen Hinweise" auch die Gabe, sich in andere hineinzuversetzen; einigen gelingt dies „leicht", anderen „nur schwer", manchen „noch nicht". Kooperationsbereitschaft liegt vor, wenn jemand „hilfsbereit" ist; sie fehlt, wenn ein Kind „noch hilfsbedürftig" ist (obwohl doch die Hilfsbedürftigkeit mit einem Mangel an Hilfsbereitschaft nicht Hand in Hand zu gehen braucht). Wer „Vereinbarungen/Regeln (.....) einhalten" kann, ist gleichfalls kooperationsbereit.

---

[13] Hervorhebung nicht im Original.
[14] „Es bleibt dem Lehrer freigestellt, diese oder ähnliche Formulierungen zu verwenden." — Nach einem späteren Runderlaß vom 22.3.1977 (vgl. unten II 3) handelt es sich nur um unverbindliche Formulierungsbeispiele (sub 1.2).
[15] Vgl. oben II 1.

Für die Beurteilung des Konfliktverhaltens stehen folgende Formulierungen bereit: „konnte bei Streit und Auseinandersetzungen (.....) zur Klärung beitragen; konnte sich (.....) ausgleichend, vermittelnd einsetzen; konnte (.....) nachgeben und die Meinungen anderer anerkennen". Die Gesprächsfähigkeit rechnen die „Vorläufigen Hinweise" gleichfalls zum Sozialverhalten und nicht, wie man erwarten könnte, zum Arbeitsverhalten.

Das Idealbild eines Schülers, dessen Sozialverhalten besonders positiv zu würdigen ist, sieht folgendermaßen aus: Er fand Kontakt zu Mitschülern und Lehrern, war kontaktfreudig, konnte sich leicht in andere hineinversetzen und setzte sich für andere ein; er war hilfsbereit und bereit, mit anderen zusammenzuarbeiten; er konnte Vereinbarungen/ Regeln einhalten und war bereit, Aufgaben der Klassengemeinschaft zu übernehmen und sie sorgfältig und verantwortlich auszuführen; er konnte bei Streit und Auseinandersetzungen zur Klärung beitragen und sich ausgleichend einsetzen, die eigene Meinung vertreten, nachgeben und die Meinung anderer anerkennen; er äußerte sich gern und oft, konnte aber seinen Äußerungsdrang steuern, den Mitschülern und dem Lehrer meistens zuhören, auf sie eingehen, sich ihnen verständlich machen und wußte Gespräche anzuregen und zu bereichern.

Das Gegenbild zu einem solchen Schüler ist durch das Fehlen der erwähnten Eigenschaften und Verhaltensweisen gekennzeichnet. Ihm werden soziale Eigenschaften, die von den „Vorläufigen Hinweisen" offenbar als positiv bewertet werden, in einem förmlichen Zeugnis abgesprochen. So darf zum Beispiel einem Schüler bescheinigt werden, daß er sich noch nicht in andere hineinversetzen konnte, kaum bereit war, mit anderen zusammenzuarbeiten, Vereinbarungen/Regeln selten einhalten konnte, bei Streit und Auseinandersetzungen oft nicht zur Klärung beitragen und sich nicht vermittelnd einsetzen konnte.

Die Formulierungshilfen, die für die Rubriken „Arbeitsverhalten" und „Hinweise zu den Lernbereichen" maßgeblich sind, weisen eine ähnliche Beschaffenheit auf.

3. In einem weiteren *Runderlaß vom 22. März 1977*[16] befaßte sich der Kultusminister nochmals mit der „Stellung der Zeugnisse im Rahmen des pädagogischen Auftrages der Grundschule". Danach ist das Zeugnis der ersten beiden Grundschulklassen eine „Zwischenbilanz" und „soll als Grundlage für das weiterführende Gespräch zwischen Eltern und Lehrern dienen können"[17]. Ferner müssen die „allgemeinen Aussagen im Zeugnis ... dem Konzept einer ermutigenden Erziehung ent-

---

[16] — II A 1.36 — 60/0 — 850/77 — (GABl. 1977, S. 154); abgedruckt auch in „Grundlagen und Materialien" (Fn. 1), S. 12.
[17] Ebd. sub 1.1.

sprechen"[18]. Diesem „Konzept" widersprechen „Charakterbeschreibungen oder Formulierungen festschreibender Art"; sie dürfen daher nicht verwendet werden[19]. Der Runderlaß stellt es dem Lehrer frei, „in welcher Form er im Verlauf des Schuljahres seine Beobachtungen sammelt und auswertet"; dafür biete sich „sowohl das pädagogische Tagebuch in freier Form als auch vorgefertigtes Material an, wie es von Lehrerarbeitsgemeinschaften erstellt oder auch von Verlagen angeboten wird"[20].

4. In Übereinstimmung mit dem Runderlaß vom 13. Mai 1976[21] hat der Kultusminister in einem besonderen *Runderlaß vom 8. Juni 1978*[22] das „Zeugnis für die Klasse 3" geregelt. Danach sollen an die Stelle der bisherigen „Kopfnoten" — entsprechend dem Beschluß der Kultusministerkonferenz vom 2. Juli 1970[23] — „die zutreffenderen Hinweise zum *Arbeits- und Sozialverhalten*[24] treten. Das dem Runderlaß beigefügte Muster eines Zeugnisformulars enthält eine — nicht untergliederte — Rubrik „Hinweise zum Arbeits- und Sozialverhalten", Zeilen für die Noten in den einzelnen „Lernbereiche(n)/Fächer(n)" sowie weitere Rubriken für „Hinweise zu Lernbereichen/Fächern" und „Bemerkungen". Sowohl an dem Text des Runderlasses als auch an der Fassung des Zeugnisformulars fällt auf, daß das „Sozialverhalten" erst an zweiter Stelle, also nach dem „Arbeitsverhalten", genannt wird. In den „Empfehlungen" der Kultusministerkonferenz[25] und den oben (II 1 und 2) zitierten Erlassen hatte demgegenüber das „Sozialverhalten" vor dem „Arbeitsverhalten" rangiert.

5. Die in den schulischen Verwaltungsvorschriften enthaltenen Anweisungen, die der Reform des Zeugniswesens dienen, rufen *nicht-offizielle Instanzen* auf den Plan, die „Hilfen für die Praxis des Zeugnisschreibens"[26] anbieten. Eine derartige private Unterstützung ist sogar ausdrücklich in dem Runderlaß vom 22. März 1977[27] vorgesehen, der „vorgefertigtes Material" empfiehlt, das Lehrerarbeitsgemeinschaften und Verlage zum Zwecke der Schülerbeobachtung und -beurteilung bereitstellen.

---

[18] Ebd. sub 1.2.
[19] Ebd.
[20] Ebd. sub 1.3.
[21] Vgl. oben II 1.
[22] — II A 3.36-60.0 — 1244/78 — (GABl. 1978, S. 234).
[23] Vgl. oben I („Empfehlungen" sub VI 3).
[24] Hervorhebung nicht im Original.
[25] Vgl. oben I.
[26] So der Untertitel der oben Fn. 6 angeführten Schrift von *Bartnitzky* und *Christiani*.
[27] Vgl. oben II 3.

Als Beispiel einer derartigen Förderung durch Standesgenossen sei die Schrift von *Bartnitzky* und *Christiani* „Zeugnis ohne Zensuren" erwähnt, die es sich zur Aufgabe gesetzt hat, in Übereinstimmung mit dem Runderlaß vom 13. Mai 1976[28] die Bewertungspraxis zu ändern[29]. Was in ministeriellen Normen nur angedeutet wird, entfalten die Schulmänner im einzelnen, wobei erkennbar wird, welche weitreichenden Folgen die Zeugnisreform nach sich ziehen kann. Bemerkenswert ist zunächst die medizinische Terminologie, der das vom Lehrer betriebene Beobachten und Beurteilen unterworfen wird: Zu den „diagnostischen Tätigkeiten des Lehrers" gehört die „pädagogische Anamnese"[30], mit deren Hilfe die Schule die kindliche Persönlichkeit zu erkunden sucht. Wegen der „Unmöglichkeit perfekter, d.h. totalerfassender Beobachtung"[31] müssen andere Verfahren benutzt werden. Eine derartige von den Verfassern empfohlene Erhebungstechnik besteht in der Verwendung von Beobachtungsbögen, die der Registrierung des Schülerverhaltens dienen[32]. Derartige Beobachtungsbögen kennen noch mehr Details der Persönlichkeit, als in den „Vorläufigen Hinweisen"[33] genannt sind. So sollen die Lehrer zum Beispiel ermitteln, ob Schüler „mitfühlend, zärtlich sein können, trösten können" und „sich um alle Mitschüler kümmern"[34]. Unter der dem „Sozialverhalten" zugeordneten „Kategorie 3: Kritikfähigkeit" wird als erstes Ziel genannt: „sich beschweren". Weitere Ziele sind: „vorgegebene Sachverhalte kritisch hinterfragen", „eigenes, nicht angepaßtes Verhalten begründen", „Interessengegenstände erkennen". Gleichfalls der „Dimension: Sozialverhalten" unterfällt die „Kategorie 4: Soziale Produktivität"[35]. In diesem Bereich werden unter anderem folgende Ziele erstrebt: „soziale Probleme sehen und sich um deren Lösung bemühen", „abweichende Meinungen formulieren", „Veränderungen planen", „sich zur Verteidigung Schwächerer, gegen Ungleichheit und Benachteiligung solidarisieren", „Interessen und Wünsche anderer wahrnehmen und sie gemeinsam vertreten"[36]. Diese partiellen Ziele dienen folgendem Oberziel: „Zur Teilnahme am gesellschaftlich-politischen Leben muß bereits der Grundschüler befähigt werden"[37]. Unter der Überschrift „Verläßlichkeit" finden sich Ziele wie „eigene Sachen verleihen", „durch rücksichts-

---

[28] Vgl. oben II 1.
[29] *Bartnitzky / Christiani* (Fn. 6), S. 10.
[30] Ebd. S. 21, 22, 27, 32 ff.
[31] Ebd. S. 45, ähnlich S. 57.
[32] Ebd. S. 45 sowie S. 57 ff.
[33] Vgl. oben II 2.
[34] *Bartnitzky / Christiani* (Fn. 6), S. 50.
[35] Ebd. S. 49, 51.
[36] Ebd. S. 51.
[37] Ebd.

volles Verhalten die Freiräume der Mitschüler erweitern", „gemeinsamen Besitz fair teilen"[38].

III. Die bisherigen Beurteilungen der Zeugnisreform

Die nordrhein-westfälische Zeugnisreform ist von großem bildungspolitischen Gewicht, weil sich in ihr pädagogische Tendenzen abzeichnen, die umstritten sind.

1. *Positive Äußerungen* sind allerdings nicht selten. So sehen *Bartnitzky* und *Christiani*[39] durch den Runderlaß vom 13. Mai 1976[40] „die Chance eröffnet, einen zentralen Punkt der ‚krank'machenden Schule zu verändern: die Bewertungspraxis". Nach Jutta *Wilhelmi*[41] sind „Noten ... immer noch die Heiligen (sic) Kühe des öffentlichen Schulsystems"; eine „Grundschule ohne Noten" bedeute aber „weniger Schulangst und Leistungsdruck". Auch der Präsident des bayerischen Lehrer- und Lehrerinnenverbandes hält das „Notensystem" für „erziehungsfeindlich", weil es „schon für Kinder eine ‚Rennbahn' schaffe"[42].

Daher ist es nicht verwunderlich, daß die Ausdehnung der Zeugnisreform in Betracht gezogen wird. So wird in Nordrhein-Westfalen erwogen, die neue Zeugnisregelung auf alle vier Grundschuljahre zu erstrecken[43]. Ähnliche Gedanken werden in Berlin erörtert[44].

2. Weniger günstig waren bisher die *juristischen Beurteilungen*, die der nordrhein-westfälischen Zeugnisregelung zuteil geworden sind. Das Verwaltungsgericht Düsseldorf hat in einem (unveröffentlichten) Urteil vom 16. Februar 1979 — 1 K 2275/77 — gegen ihre rechtliche Fundierung schwerwiegende Bedenken geäußert. Kritik haben auch Fritz *Ossenbühl*[45] und Hans-Uwe *Erichsen*[46] in zwei rechtswissenschaftlichen Gutachten

---

[38] Ebd. S. 52.
[39] Zeugnis ohne Zensuren (Fn. 6), S. 10 (im Original zum Teil hervorgehoben).
[40] Vgl. oben II 1.
[41] „Vorwärts" Nr. 19 v. 3.5.1979, S. 29.
[42] „Berliner Morgenpost" v. 29.11.1978.
[43] *Wilhelmi* (siehe oben Fn. 41). — Vgl. ferner „Freiheit der Wissenschaft" 1/79, S. 14.
[44] Vgl. den Bericht aus der Berliner Schulverwaltung „Keine Zeugnisnoten für Klasse 2 und 3" in „Die Welt" Nr. 42 v. 19.2.1979 (Berliner Lokal-Anzeiger S. I).
[45] „Rechtliche Grundfragen der Erteilung von Schulzeugnissen", Mai 1978. — Das Rechtsgutachten ist inzwischen als selbständige Schrift veröffentlicht worden (vgl. oben Fn. 1); nach dieser Buchfassung wird im folgenden zitiert.
[46] „Rechtsgutachten zur Verfassungsmäßigkeit der Zeugnisregelung für die Klassen 1 und 2 der Grundschule in Nordrhein-Westfalen" — Juli 1978 — (unveröffentlicht). — Das Gutachten wird in wesentlichen Teilen in die demnächst erscheinende Schrift von *Erichsen*, Hans-Uwe: Eltern-Kind-Staat, eingehen.

vorgetragen. Im einzelnen sind der Zeugnisreform folgende Verfassungsverstöße vorgehalten worden:

a) Die Zeugnisregelungen seien „materiell-verfassungsrechtlich ... insoweit unzulässig, als sie das Notensystem für Versetzungszeugnisse und andere berechtigende Zeugnisse beseitigen"[47].

b) Die schriftliche Beurteilung des Sozialverhaltens dränge den Eltern Informationen entgegen den verfassungsrechtlichen Prinzipien der Verhältnismäßigkeit und der Rücksichtnahme auf[48].

c) Die Inanspruchnahme eines umfassenden staatlichen Erziehungsauftrages für das Sozialverhalten und die dem entsprechende Beurteilung des Sozialverhaltens in Zeugnisform verletzten das in Art. 6 Abs. 2 S. 1 GG gewährleistete Elternrecht[49].

d) Die Beschaffung von Daten für die Beurteilung des Sozialverhaltens greife verfassungswidrig in den Bereich familiärer Lebensgestaltung ein, während die Beurteilung selbst das kindliche Persönlichkeitsrecht rechtswidrig beeinträchtige[50].

e) Das Elternrecht werde dadurch verletzt, daß in den Zeugnissen eine beschreibende Beurteilung vorgenommen werde[50a].

f) Der Runderlaß des Kultusministers vom 13. Mai 1976[51] sei verfassungswidrig, weil keine gesetzliche Grundlage für seinen Erlaß vorhanden sei[52].

IV. Der Gegenstand des Gutachtens

Wegen der Fülle der juristischen Zweifel, die gegenüber der Rechtmäßigkeit der Zeugnisregelung laut geworden sind, beschränkt sich das vorliegende Gutachten auf einen einzigen Problemkreis: *die verfassungsrechtlichen Voraussetzungen der Zulässigkeit staatlicher Erziehung im Bereich des Sozialverhaltens.*

Ossenbühl[53] ist in seiner Schrift der Frage nachgegangen, ob der Staat befugt sei, im Schulzeugnis das Sozialverhalten in der Weise schriftlich zu fixieren, wie dies in den nordrhein-westfälischen Erlassen vorgesehen

---

[47] *Ossenbühl*, Grundfragen (Fn. 1), S. 37 (im Original zum Teil hervorgehoben); im Ergebnis ähnlich *Erichsen*, Rechtsgutachten (Fn. 46), S. 76 f.
[48] *Ossenbühl*, Grundfragen (Fn. 1), S. 54, 55.
[49] *Erichsen*, Rechtsgutachten (Fn. 46), S. 60.
[50] *Erichsen*, Rechtsgutachten (Fn. 46), S. 67 f., 82.
[50a] *Erichsen*, Rechtsgutachten (Fn. 46), S. 77.
[51] Vgl. oben II 1.
[52] *Ossenbühl*, Grundfragen (Fn. 1), S. 60; *Erichsen*, Rechtsgutachten (Fn. 46), S. 129; VG Düsseldorf, U. v. 16.2.1979 — 1 K 2275/77 —, S. 7—13.
[53] Grundfragen (Fn. 1), S. 38.

ist; *Erichsen*[54] hat eine „Beurteilung des Sozialverhaltens als Verstoß gegen das grundrechtlich gewährleistete Elternrecht" abgegeben. Trotzdem erscheint es angebracht, die staatliche Erziehungskompetenz nochmals an Hand des Verfassungs- und Gesetzesrechts zu würdigen.

V. Zeugnisreform und staatlicher Erziehungsanspruch

Voraussetzung einer derartigen Prüfung ist allerdings, daß die oben[55] dargestellten Verwaltungsvorschriften des Kultusministers sich überhaupt mit der Erziehung im Bereich des Sozialverhaltens befassen. Dies könnte zweifelhaft sein, weil die beiden Runderlasse vom 13. Mai 1976 und 22. März 1977 sowie die „Vorläufigen Hinweise" nur Anweisungen für das Abfassen von Zeugnissen enthalten, die Lehrer aber nicht ausdrücklich mit der Lenkung kindlichen Sozialverhaltens betrauen. Denkbar wäre es daher immerhin, daß die Zeugnisregelung, soweit sie sich auf das Sozialverhalten bezieht, nur den Zweck hat, bestimmte soziale Eigenschaften und Verhaltensweisen zu konstatieren. Jedoch zeigt bereits ein Blick auf die Verwaltungsvorschriften, daß der Kultusminister sich keineswegs von einer derart zurückhaltenden Absicht leiten ließ, sondern die Lehrer dazu anhalten wollte, sich der sozialen Erziehung der ihnen anvertrauten Kinder anzunehmen. So setzt die Anweisung, wonach die „allgemeinen Aussagen im Zeugnis ... dem Konzept einer ermutigenden Erziehung entsprechen"[56] müssen, die Aufgabe der Schule voraus, die Schüler auch hinsichtlich ihres Sozialverhaltens zu beeinflussen. Bestätigt wird dies dadurch, daß im selben Erlaß zwischen „erzieherischen und unterrichtlichen Bereichen" unterschieden sowie „die erzieherische und unterrichtliche Arbeit des Lehrers" getrennt wird[57]. Auch die „Vorläufigen Hinweise"[58] bekennen sich ohne Umschweife zur erzieherischen Intervention: „Zeugnisse sollen den Schülern erzieherische Hilfen geben und ihnen ermöglichen, für ihr künftiges Bemühen Folgerungen zu ziehen." Die in den „Vorläufigen Hinweisen" enthaltenen „Formulierungshilfen"[59] lassen gleichfalls ohne weiteres erkennen, daß die Schule soziale Eigenschaften und Verhaltensweisen der Schüler nicht als ihrem Einfluß entzogene Daten hinnimmt; es wird vielmehr eine wertende Rangordnung aufgestellt, auf deren Skala sich negative und positive Eigenschaften deutlich voneinander abheben. Überdies wäre die Ausführlichkeit, in der die „Formulierungshilfen" den Lehrern präsentiert

---

[54] Rechtsgutachten (Fn. 46), S. 12 ff.
[55] Vgl. II 1—3.
[56] Runderlaß v. 22.3.1977 (Fn. 16), sub 1.2.
[57] Ebd. sub 1.2 und 1.4.
[58] Vgl. oben II 2.
[59] Vgl. oben II 2 b.

werden, kaum verständlich, würde nicht mit ihnen bezweckt, das Sozialverhalten von Kindern zu steuern.

Schließlich hat der nordrhein-westfälische Kultusminister selbst die mit der Zeugnisreform verfolgten Absichten in einer amtlichen Broschüre verlautbart und damit die möglichen Zweifel entkräftet. Einer Dokumentation „Grundlagen und Materialien zur Neuregelung der Zeugnisse für die Grundschule", die in der Schriftenreihe des Kultusministers „Die Schule in Nordrhein-Westfalen" erschienen ist[60], hat Minister *Girgensohn* ein aufschlußreiches Vorwort beigegeben. Die „ermutigende Beschreibung der individuellen Lern- und Leistungserfolge"[61] soll an die Stelle der Leistungsnoten treten und damit „das Lernen in einer freien und befreienden Atmosphäre ermöglichen"[62]. Der Minister richtet auch ein Wort an die „Kritiker der Neuregelung", die sich „gegen die Beschreibung der Lernentwicklung im *erziehlichen* Bereich" gewendet und mancherlei Gründe genannt hätten[63]: „Wenn die Schule ihre Aufgabe ernst nimmt, ,Stätte der Erziehung und des Unterrichts' — so die Formulierung des Schulordnungsgesetzes — zu sein, kann sie nicht darauf verzichten, der Entwicklung des Sozial- und Arbeitsverhaltens dieselbe Aufmerksamkeit zu widmen wie der in den Lernbereichen." Die „Bereitschaft zum sozialen Handeln, die Fähigkeit, in einer kindgemäßen Balance zwischen Einordnung, Anpassung und Selbständigkeit mit anderen Menschen zusammenleben zu können", bedürfe „einer behutsamen Entwicklung in einem auf Mitmenschlichkeit begründeten Schulleben"[64].

Der durch den Mund des Ministers erhobene Anspruch des Landes Nordrhein-Westfalen, das Sozialverhalten der Schulkinder zu beeinflussen, war schon in früheren amtlichen Verlautbarungen geltend gemacht worden. So heißt es in den „Richtlinien und Lehrpläne(n) für die Grundschule in Nordrhein-Westfalen 1973"[65]: „Die Landesverfassung gibt die Erziehungsziele für alle Schulformen verbindlich vor. Im Zusammenhang mit diesen Erziehungszielen hat die Grundschule die Aufgabe, dem Kind die Welt zu eröffnen, es zu mitmenschlichem Verhalten zu führen. Darüber hinaus muß die Grundschule das kritische Bewußtsein der Kinder früh aktivieren und elementare Formen der Mitbestimmung ermöglichen." Dem „pädagogischen Selbstverständnis des Grundschul-

---

[60] Vgl. oben Fn. 1.
[61] „Grundlagen und Materialien" (Fn. 1), S. 3.
[62] Ebd.
[63] Ebd. (Hervorhebung — des hier korrekt wiedergegebenen Wortes — nicht im Original).
[64] Ebd. S. 4.
[65] Auszugsweise abgedruckt in „Grundlagen und Materialien" (Fn. 1), S. 8. — Die „Einführung neuer Richtlinien und Lehrpläne für die Grundschule in Nordrhein-Westfalen" beruhte auf dem Runderlaß des Kultusministers vom 21.3.1973 — I C 3.36 — 20-23/0 — 725/73 — (GABl. 1973, S. 196).

V. Zeugnisreform und staatlicher Erziehungsanspruch

lehrers" wird sodann folgende Direktive gegeben: Es müsse „stets das Bewußtsein erhalten bleiben, daß das Absolutsetzen nicht im sozialen Kontext erbrachter Leistungen emanzipatorische Erziehung für Kinder aller gesellschaftlichen Gruppen erschwert, wenn nicht verhindert"[66]. Wie man diese wenig durchsichtige Formulierung auch deuten mag, so enthält sie doch jedenfalls ein Bekenntnis zu einer als emanzipatorisch bezeichneten Erziehung und damit zur Schulhoheit über kindliches Sozialverhalten.

Die auszugsweise Wiedergabe derartiger programmatischer Bekundungen in der Dokumentation „Grundlagen und Materialien zur Neuregelung der Zeugnisse für die Grundschule"[67] beruht offenbar nicht allein auf dem Wunsch, der Schulpraxis schwer zugängliche Vorschriften ins Gedächtnis zurückzurufen. Schon die Fassung des Titels („*Grundlagen* und Materialien...") deutet darauf hin, daß die „Richtlinien und Lehrpläne" zu den wegweisenden Schriften gehören. Im Vorwort wird überdies betont, daß der Leser im folgenden „*Grundlagen* und Erlasse für die Neuregelung der Grundschulzeugnisse" zu erwarten habe[68]. Der Kultusminister bestätigt somit, daß die Zeugnisreform Bestandteil der nordrhein-westfälischen Bemühungen sei, von Staats wegen auch auf das Sozialverhalten der Schüler Einfluß zu nehmen. Die Zeugnisreform ist der Sache nach also zugleich eine Reform, mit deren Hilfe der Staat einen Erziehungsanspruch geltend macht[68a].

---

[66] „Grundlagen und Materialien" (Fn. 1), S. 8.
[67] Vgl. oben Fn. 1.
[68] „Grundlagen und Materialien" (Fn. 1), S. 4 (Hervorhebung nicht im Original). — Mit den „Erlassen" sind diejenigen vom 13.5.1975 (oben II 1), 22.3.1977 (oben II 3) sowie ein weiterer vom 18.11.1975 gemeint, die auf den S. 9—14 der „Grundlagen und Materialien" abgedruckt sind.
[68a] Ähnlich *Erichsen*, Rechtsgutachten (Fn. 46), S. 12—21, der überdies darlegt (ebd. S. 17 f., 21), „daß die Benotung des Sozialverhaltens die Inanspruchnahme eines schulischen Erziehungsauftrags reflektiert, der nicht nur auf das Verhalten in der Schule und im Unterricht, sondern auf das Kind in all seinen sozialen Bezügen zielt".

B. Die verfassungsrechtliche Bewertung der Zeugnisreform

Da die nordrhein-westfälische Zeugnisreform ihrem Gehalt nach zugleich eine Erziehungsreform ist, insofern sie das Sozialverhalten der Kinder dem schulischen Zugriff eröffnet, kann nunmehr die bereits oben[69] formulierte Frage untersucht werden, wie es mit der verfassungsrechtlichen Zulässigkeit eines derartigen Vorhabens bestellt ist.

I. Vom Kultusminister zitierte Rechtsgrundlagen der Zeugnisreform

Will man erörtern, ob die Zeugnisreform, soweit sie sich als Maßnahme sozialer Lenkung darstellt, dem geltenden Recht entspricht, ist die Ermittlung der maßgeblichen Vorschriften geboten. Dabei empfiehlt es sich, zunächst diejenigen Bestimmungen zu betrachten, die von amtlicher Seite der Zeugnisreform zugrundegelegt wurden. Unerheblich ist vorerst, ob die Neuregelung einer normativen Ermächtigung bedurfte[70], denn jedenfalls ist es einem Staatsakt nicht abträglich, wenn er auf eine Norm des positiven Rechts gestützt werden kann.

1. Daß die *Empfehlungen der Kultusministerkonferenz* zur Arbeit in der Grundschule[71] keine Rechtsgrundlage für die Maßnahme des nordrhein-westfälischen Kultusministers sein können, ist offenkundig. Abgesehen davon, daß es sich nur um „Empfehlungen" und nicht um verbindliche Anweisungen handelt, fehlt es den Beschlüssen der Kultusministerkonferenz an einer Hoheitsmacht, die einen Eingriff in die Landesverwaltung rechtfertigen könnte[72]. Aus denselben Gründen scheiden als rechtliches Fundament die — vom nordrhein-westfälischen Kultusminister gleichfalls zu den „Grundlagen" seiner Zeugnisreform gezählten — „Empfehlungen" des Deutschen Bildungsrates vom 13. Februar 1970 aus[73], in denen „die Verbesserung des gesamten Sozialverhaltens" propagiert wird[74].

---

[69] Vgl. A IV.

[70] Vgl. dazu unten II u. III.

[71] Vgl. oben A I.

[72] Vgl. über die „rechtstechnisch weitgehend unverbindliche Kooperation" der Landeskultusminister *Kisker*, Gunter: Kooperation im Bundesstaat, Tübingen, 1971, S. 230, 248, 280, 282; *Knoke*, Theodor: Die Kultusministerkonferenz und die Ministerpräsidentenkonferenz, Hamburg, 1966, S. 19—106, insbes. S. 89 f.; *Oppermann*, Thomas: Kulturverwaltungsrecht, Tübingen, 1969, S. 154, 183—186, 293 (Anm. 3), 315, 554, 565—573, 600, 602.

[73] Die Empfehlungen sind abgedruckt in „Grundlagen und Materialien" (Fn. 1), S. 6.

I. Vom Kultusminister zitierte Rechtsgrundlagen der Zeugnisreform 21

2. Als Ermächtigungsgrundlagen kommen dagegen zwei vom nordrhein-westfälischen Kultusminister als Referenzen herangezogene Gesetze in Betracht: das *Schulordnungsgesetz* und die *Landesverfassung*.

a) Das Erste *Gesetz zur Ordnung des Schulwesens* im Lande Nordrhein-Westfalen vom 8. April 1952[75] enthält in der Tat die Erlaubnis und sogar das Gebot zur Jugenderziehung. So werden in § 1 I NW SchOG die Schulen zu „Stätten der Erziehung und des Unterrichts" erklärt. In den anschließenden Absätzen entwirft das Gesetz das folgende Erziehungsprogramm:

„(2) Ehrfurcht vor Gott, Achtung vor der Würde des Menschen und *Bereitschaft zum sozialen Handeln* zu wecken, ist vornehmstes Ziel der Erziehung. Die Jugend soll erzogen werden im Geiste der Menschlichkeit, der Demokratie und der Freiheit, zur Duldsamkeit und zur Achtung vor der Überzeugung des anderen, in Liebe zu Volk und Heimat, zur Völkergemeinschaft und Friedensgesinnung (Art. 7 LV).

(3) Die Schule hat die Aufgabe, die Jugend auf der Grundlage des abendländischen Kulturgutes und deutschen Bildungserbes in lebendiger Beziehung zu der wirtschaftlichen und sozialen Wirklichkeit sittlich, geistig und körperlich zu bilden und ihr das für Leben und Arbeit erforderliche Wissen und Können zu vermitteln.

(4) Die Jugend soll fähig und bereit werden, sich im Dienste an der Gemeinschaft, in Familie und Beruf, in Volk und Staat zu bewähren. In allen Schulen ist Staatsbürgerkunde Lehrgegenstand und staatsbürgerliche Erziehung verpflichtende Aufgabe. Unterricht und Gemeinschaftsleben der Schule sind so zu gestalten, daß sie zu tätiger und verständnisvoller Anteilnahme am öffentlichen Leben vorbereiten.

(5) In Erziehung und Unterricht ist alles zu vermeiden, was die Empfindungen Andersdenkender verletzen könnte.

(6) Erzieher kann nur sein, wer in diesem Geiste sein Amt ausübt."

Bemerkenswerterweise berief sich der Kultusminister zur Rechtfertigung der Zeugnisreform nicht auf die gesamte Vorschrift des § 1 NW SchOG, sondern bezog sich allein auf dessen ersten Absatz. Aus der gesetzlichen Deklaration der Schule als einer „Stätte der Erziehung und des Unterrichts" leitete er den Schluß ab, es sei „der Entwicklung des Sozial- und Arbeitsverhaltens dieselbe Aufmerksamkeit zu widmen wie der in den Lernbereichen"[76].

b) Ebenso unergiebig ist der Hinweis des Kultusministers auf die *Verfassung des Landes Nordrhein-Westfalen* — NW Verf. —, der sich in den zur Stützung der Zeugnisreform herangezogenen „Richtlinien und Lehrplänen für die Grundschule" findet[77]. Nach einem Bekenntnis zur Ver-

---

[74] Über diese — inzwischen aufgelöste — Institution des kooperativen Föderalismus vgl. *Kisker* (siehe oben Fn. 72), S. 159, 249, 297; *Oppermann* (siehe oben Fn. 72), S. 154, 554, 558, 563—565, 593, 602.

[75] GS NW S. 430 — NW SchOG —.

[76] Vgl. oben bei Fn. 63.

22 B. Die verfassungsrechtliche Bewertung der Zeugnisreform

bindlichkeit der in der Landesverfassung enthaltenen Erziehungsziele wird „im Zusammenhang mit diesen Erziehungszielen" die Aufgabe der Schule näher bestimmt. Auch an dieser Stelle amtlichen Räsonierens fällt auf, daß nur eine dekorative Verknüpfung mit dem geltenden Recht stattfindet, aber kein Versuch einer zwingenden Deduktion unternommen wird. Es mangelt an jedem Bestreben, die Zeugnisreform an Hand der Landesverfassung zu rechtfertigen, die in Art. 7 folgendes anordnet:

„(1) Ehrfurcht vor Gott, Achtung vor der Würde des Menschen und Bereitschaft zum sozialen Handeln zu wecken, ist vornehmstes Ziel der Erziehung. (2) Die Jugend soll erzogen werden im Geiste der Menschlichkeit, der Demokratie und der Freiheit, zur Duldsamkeit und zur Achtung vor der Überzeugung des anderen, in Liebe zu Volk und Heimat, zur Völkergemeinschaft und Friedensgesinnung."

c) Die beiläufigen *Rekurse* des nordrhein-westfälischen Kultusministers auf Vorschriften des Landesrechts dienen eher als *rhetorischer Schmuck* denn als argumentative Stütze der Zeugnisregelung. Die Erwähnung der Landesverfassung und des Schulorganisationsgesetzes hätten auch unterbleiben können, ohne daß die Überzeugungskraft der ministeriellen Werbung darunter gelitten hätte oder ihre Überzeugungsschwäche dadurch behoben worden wäre. Eine solch lose Verbindung von Zeugnisreform und staatlicher Rechtsordnung ist aber juristisch jedenfalls dann bedenkenfrei, wenn die Maßnahmen des Kultusministers keiner weiteren normativen Fundierung bedurften als der in § 36 I Schulverwaltungsgesetz (SchVG)[78] enthaltenen generellen Kompetenz, zur Ausführung des Schulverwaltungsgesetzes Verwaltungsverordnungen zu erlassen. Benötigte die Zeugnisreform jedoch eine spezielle Rechtsgrundlage, so erhebt sich die — zunächst zurückgestellte[79] — Frage, ob eine solche Ermächtigung in Art. 7 NW Verf., in dem ihn ergänzenden § 1 NW SchOG oder in anderen Vorschriften gefunden werden kann.

II. Der Gesetzesvorbehalt als Eingriffsvorbehalt

Da die vom Kultusminister erwähnten Rechtsvorschriften jedenfalls nicht ausdrücklich zur Durchführung einer Zeugnisreform ermächtigen, kann nicht länger der Frage ausgewichen werden, ob diese Reform einer Rechtsgrundlage bedurfte. Ist dies der Fall und lassen sich keine einschlägigen Normen finden, wären die ministeriellen Verwaltungsvorschriften und ihr Vollzug in den Schulen verfassungswidrig.

---

[77] Vgl. oben bei Fn. 65.
[78] i.d.F. v. 29.4.1975 (GV S. 398). — *Erichsen*, Rechtsgutachten (Fn. 46), S. 104 bis 106, zieht statt dessen die in § 26 II NW SchVG a.F. enthaltene Ermächtigung des Kultusministers zum Erlaß von Musterschulordnungen als Rechtsgrundlage in Betracht.
[79] Vgl. B I vor 1.

II. Der Gesetzesvorbehalt als Eingriffsvorbehalt

1. Der Rechtssatz, daß bestimmte staatliche Handlungen, insbesondere im Bereich der Verwaltung, nur zulässig sind, wenn ihre Vornahme vom parlamentarischen Gesetzgeber gebilligt wird, das *Prinzip des Gesetzesvorbehalts* also, galt bis vor einigen Jahren unangefochten für staatliche Eingriffe[80]. Der klassische Eingriffsvorbehalt reservierte die Erlaubnis zu Eingriffen in Freiheit und Eigentum dem Parlament und dessen vornehmster Handlungsform, dem förmlichen Gesetz. Lehrbuchhaft umschreibt ihn das Bundesverwaltungsgericht[81] folgendermaßen: „Verwaltungseingriffe in Freiheit und Eigentum bedürfen der gesetzlichen Grundlage." Grundrechtliche Eingriffe sind somit der Exekutive untersagt, solange sie sich nicht auf ein den Gesetzesvorbehalt ausfüllendes Parlamentsgesetz zu stützen vermag. Der Gesetzesvorbehalt in seiner Ausprägung als Eingriffsvorbehalt ist zwar neuerdings durch eine richterrechtliche Intervention des Bundesverfassungsgerichts ins Zwielicht geraten[82], doch läßt sich derzeit noch nicht sagen, daß er überholt sei.

2. Die Maßgeblichkeit des Gesetzesvorbehalts für Maßnahmen staatlicher Sozialerziehung setzt somit voraus, daß die Lenkung kindlichen Sozialverhaltens als Eingriff anzusehen ist. Eine solche *Charakterisierung schulischer Aktivitäten* ist aber nicht selbstverständlich; naheliegend ist es vielmehr, die Schule wegen der in „ihrer Mehrzahl pädagogische(n) Akte des schulischen Tagesbetriebes ohne nennenswerte rechtliche Bedeutung" als „Leistungsverwaltung" zu bezeichnen, die „öffentliche Leistungsaufgaben sozialstaatlicher Art" erfülle[83]. Wenn auch die Schule zu Recht dem Bereich der Leistungsverwaltung zugeordnet wird, so schließt diese Charakterisierung es nicht aus, daß einzelne ihrer Tätigkeiten als Eingriffe zu qualifizieren sind.

Die traditionelle Gegenüberstellung von Leistungs- und Eingriffsverwaltung scheidet die exekutivische Aufgabenerledigung nicht nach einem ausnahmslos geltenden Prinzip, sondern allein danach, ob ein bestimmter Aufgabenkomplex vornehmlich mit dem Instrument des hoheitlichen Eingriffs oder hauptsächlich mit dem Mittel der Leistungsgewährung erledigt wird[84]. Das Überwiegen der einen oder der anderen Handlungsformen ist somit der Maßstab, an dem sich die — systematische Bedürfnisse befriedigende — Aufgliederung der Verwaltung in Eingriffs- und Leistungs-

---

[80] Zum aktuellen Stand der Lehre vom Vorbehalt des Gesetzes s. die gleichnamige Abhandlung von *Krebs*, Walter, Jura 1979, 304; vgl. ferner *Pietzcker*, Jost: Vorrang und Vorbehalt des Gesetzes, JuS 1979, 710 (711 ff.).

[81] U. v. 13.2.1976, BVerwGE 50, 171 (172); ähnlich schon BVerfG, B. v. 6.5.1958, BVerfGE 8, 155 (166 f.).

[82] Vgl. unten III.

[83] So *Heckel*, Hans: Einführung in das Erziehungs- und Schulrecht, Darmstadt, 1977, S. 97.

[84] Vgl. *Bleckmann*, Albert: Subventionsrecht, Stuttgart (usw.), 1978, § 5 I 2 b (S. 43).

verwaltung orientiert. Wichtiger ist, wegen der mit ihr verknüpften Rechtsfolgen, die Frage, ob ein konkreter Hoheitsakt ein Eingriff ist und damit der Grundsatz des Gesetzesvorbehalts Anwendung findet. Ein solcher Eingriff kann durchaus in Aktivitäten der Leistungsverwaltung eingebettet sein[85].

Auch im Schulrecht wird die „Doppelgesichtigkeit der Schule" anerkannt, wenn sie als „Träger von Eingriffsverwaltung" bezeichnet wird[85a]. Allerdings ist die Aufgliederung, die ein bekannter Schulrechtler, *Hans Heckel,* insoweit vornimmt, verfehlt. Zu den „in ihrer Mehrzahl pädagogische(n) Akte(n) des schulischen Tagesbetriebes ohne nennenswerte rechtliche Bedeutung" rechnet er außer „dem unmittelbaren Unterricht" zum Beispiel die „die Unterrichtstätigkeit begleitenden und umrahmenden Tätigkeiten des Lehrers wie Beurteilung einzelner Leistungen"; seiner Meinung nach treten solche „Anordnungen und Maßnahmen des täglichen Schullebens ... der Rechtsstellung des Betroffenen nicht zu nahe"[86]. Daneben gebe es aber auch „Unterrichts-, Erziehungs- und Ordnungsmaßnahmen der Schule, die unmittelbare rechtliche Wirkung gegenüber Personen zur Folge haben"[87]: „Hier agieren Schulen und Schulbehörden hoheitsrechtlich als Träger von Eingriffsverwaltung ... durch Verwaltungsakte, die auf gesetzlicher Grundlage beruhen müssen..."[88]. Zu diesen Eingriffen sollen alle jene Maßnahmen gehören, „die, meist mit negativen Berechtigungsfolgen verbunden, Existenz und Rechtsstellung des Schülers und der Eltern entscheidend beeinflussen oder gefährden", so zum Beispiel das „Bestehen oder Nichtbestehen einer Prüfung"[89].

Diese Qualifizierung der schulischen Tätigkeiten verdient Kritik, weil sie die — schon wegen des Gesetzesvorbehalts nötige — Ermittlung hoheitlicher Eingriffe erschwert. *Heckel* verkennt, daß auch Realakte — und nicht nur Verwaltungsakte — Eingriffe in Grundrechte sein können[90]. Andererseits ist es unzutreffend, sämtliche Verwaltungsakte als Maßnahmen mit unmittelbarer rechtlicher Wirkung der Eingriffsverwaltung zuzurechnen. Der Verwaltungsakt ist auch eine Handlungsform der Leistungsverwaltung. Insbesondere bei der Verleihung von Berechtigungen, die mit dem Bestehen von Prüfungen verknüpft sind, handelt die Schule

---

[85] Auch die umgekehrte Konstellation ist denkbar: Eine Behörde der Eingriffsverwaltung, wie das Finanzamt, kann Leistungen gewähren, z.B. Spar- oder Wohnungsbauprämien.

[85a] *Heckel,* Schulrecht (Fn. 83), S. 97.

[86] Ebd.

[87] Ebd.

[88] Ebd. (im Original z.T. hervorgehoben).

[89] Ebd., ähnlich S. 102 („Unterrichtliche Maßnahmen und Entscheidungen mit Eingriffscharakter").

[90] Vgl. näher unten II 3 c.

II. Der Gesetzesvorbehalt als Eingriffsvorbehalt

— entgegen der Ansicht *Heckels* — in der Rechtsform der Leistungsverwaltung.

3. Da es also nicht ausgeschlossen ist, daß jedenfalls manche Akte der Schule die Handlungsform des Eingriffs aufweisen und damit dem Geltungsbereich des Gesetzesvorbehalts unterliegen, stellt sich nunmehr die Frage, welche *rechtliche Bewertung der Lenkung kindlichen Sozialverhaltens* zukommt.

a) Der *Begriff des „Eingriffs"* wird nur gelegentlich erläutert[91], zumeist aber als bekannt vorausgesetzt. *Hans J. Wolff* und *Bachof*[92] definieren in ihrem Lehrbuch „Eingriffe ... in die Rechts- und Freiheitssphäre der natürlichen oder juristischen Personen" folgendermaßen: „Begründung abstrakter oder konkreter Verpflichtungen durch Forderung eines Tuns, Duldens oder Unterlassung sowie die Entziehung oder Beschränkung von Rechten". Es ist offensichtlich, daß die im Unterricht vorgenommene Beeinflussung dieser Definition nicht unterfällt, denn es findet weder eine Begründung noch eine Verminderung von Rechten statt. Es handelt sich beim schulischen Unterricht vielmehr um einen hoheitlichen Realakt. Darunter versteht man „jede nach öffentlichem Recht zu beurteilende Maßnahme eines Subjekts öffentlicher Verwaltung, die unmittelbar nur einen tatsächlichen Erfolg herbeiführt, der jedoch Bedingung für eine rechtliche Folge sein kann"[93]. Daß Schüler (und Eltern) den Unterricht hinnehmen und somit dulden müssen, ändert nichts an seiner rechtlichen Qualifizierung als Realakt. Die Duldung, zu der Schüler (und Eltern) verpflichtet sind, beruht auf den Normen des Schulrechts, wird aber — anders als im Falle eines den Adressaten bindenden Verwaltungsaktes — nicht durch den Realakt selbst bewirkt[94].

Legt man die oben[95] zitierte Definition des Eingriffs zugrunde, so erweist es sich, daß von ihr vornehmlich Verwaltungsakte erfaßt werden. Die Begrenzung des Eingriffs auf „imperative Beeinträchtigungen"[96] beruht nach der Ansicht *Gallwas'*[97] darauf, daß der Grundsatz des Vorbehalts des Gesetzes die Verwaltung an „Vorentscheidungen des Gesetzgebers" zu binden suche, „wo immer sie zur Durchsetzung staatlicher

---

[91] *Gallwas*, Hans-Ullrich: Faktische Beeinträchtigungen im Bereich der Grundrechte, Berlin, 1970, S. 96 (Fn. 164): „... wird der Vorbehalt des Gesetzes stets auf ‚Eingriffe' bezogen, ohne daß dieser Begriff hinreichend geklärt wäre."

[92] Verwaltungsrecht I, 9. Aufl., München, 1974, § 30 III a vor und in 1 (S. 183).

[93] So *Hoffmann*, Michael: Der Abwehranspruch gegen rechtswidrige hoheitliche Realakte, Berlin, 1969, S. 18, 23.

[94] Vgl. zu der ähnlichen Frage, ob faktische Maßnahmen der Verwaltungsvollstreckung einen „besonderen Duldungsbefehl" enthalten, *Hoffmann*, ebd. S. 22 f.

[95] Siehe bei Fn. 92.

[96] So die Terminologie *Gallwas'*, Beeinträchtigungen (Fn. 91), S. 12 u.ö.

[97] Beeinträchtigungen (Fn. 91), S. 96.

Zwecke das Mittel des Gebots oder des Verbots einsetzt". Wenn aber eine solche Beziehung zwischen dem Gesetzesvorbehalt und dem Verwaltungsakt als der typischen Handlungsform der Exekutive besteht, dann scheinen die hoheitlichen Realakte, Tathandlungen[98] oder faktischen Beeinträchtigungen[99] nicht vom Gesetzesvorbehalt erfaßt zu werden.

b) Die damit aufgeworfene Frage nach dem *Geltungsbereich des Gesetzesvorbehalts* gehört zu den schwierigsten Problemen der Grundrechtsdogmatik. Eine Lösung, die etwa durch das Bundesverfassungsgericht herbeigeführt werden könnte, ist noch nicht in Sicht. Bezeichnend für die Unsicherheit, die insoweit herrscht, ist die Darstellung *Bleckmanns*[100] in seiner kürzlich erschienenen Schrift über die allgemeinen Grundrechtslehren. Danach scheint die Ausdehnung des Eingriffs auf faktische Grundrechtsbeschränkungen voranzuschreiten, ohne daß jedoch bisher erkennbar wäre, welche Realakte als Eingriffe anzusehen sind. Vielmehr rät der Autor, „die rein faktischen Akte des Staates in Typen zusammenzufassen"[101], ferner müsse „im einzelnen untersucht werden, ob nicht Gründe gegen eine Grundrechtsverletzung sprechen"[102].

Das Bundesverfassungsgericht hat offenbar den generellen Satz, daß Realakte Grundrechtseingriffe sein können und damit dem Eingriffsvorbehalt unterliegen, bisher noch nicht ausgesprochen. Immerhin enthält seine Judikatur Entscheidungen, in denen faktische Wirkungen hoheitlicher Akte als Eingriffe in Betracht gezogen werden[103]. Auch eine vom Bundesverfassungsgericht gewählte Umschreibung des Eingriffs spricht dafür, daß es unter einem Eingriff nicht nur imperative Beeinträchtigungen versteht. So stellt es in seinem Beschluß zu den Ostverträgen an die — mit Hilfe mehrerer Verfassungsbeschwerden angegriffene — Rechtsnorm die Anforderung, die Vorschrift müsse „nach Struktur und Gehalt geeignet sein, in Grundrechte einzugreifen, das heißt unmittelbar eine grundrechtlich geschützte Position des Beschwerdeführers zu seinem Nachteil zu verändern"[104]. An einer anderen Stelle dieser Entscheidung findet sich eine Verdeutlichung des Gesagten. Dort wird die Unzulässigkeit der Verfassungsbeschwerden deshalb bejaht, weil „die Ostverträge weder unmittelbare Verhaltenspflichten Einzelner begründen noch grundrechtlich geschützte individuelle Rechtspositionen unmittelbar verschlechtern"[105]. Gewiß läßt sich den zitierten Passagen keine präzise

---

[98] *Wolff / Bachof*, VerwR I (Fn. 92), § 45 II a vor 1 (S. 364).
[99] *Gallwas*, Beeinträchtigungen (Fn. 91), S. 12 u.ö.
[100] Allgemeine Grundrechtslehren, Köln (usw.), 1979, S. 230—237.
[101] Ebd. S. 235.
[102] Ebd. S. 236.
[103] Vgl. die Darstellung bei *Gallwas*, Beeinträchtigungen (Fn. 91), S. 25—34.
[104] BVerfG, B. v. 7.7.1975, BVerfGE 40, 141 (156); vgl. auch ebd. S. 141 (Ls. 2).
[105] Ebd. S. 177.

II. Der Gesetzesvorbehalt als Eingriffsvorbehalt

Beschreibung grundrechtlicher Eingriffe entnehmen. Auch ist nicht sicher, daß das Bundesverfassungsgericht das Erfordernis der Unmittelbarkeit für sämtliche Grundrechtseingriffe aufstellt; denkbar ist es durchaus, daß allein im Bereich der gegen Rechtssätze gerichteten Verfassungsbeschwerde verlangt wird, der normative Eingriff müsse „unmittelbar" geschehen[106]. Trotz dieser Einschränkungen läßt sich der Entscheidung immerhin entnehmen, daß auch eine hoheitliche Verschlechterung oder nachteilige Veränderung einer Grundrechtsposition ein Eingriff sein kann. Damit sind die engen Grenzen, die *Wolff* und *Bachof*[107] dem Eingriff ziehen, überwunden, so daß die Erstreckung auf faktische Eingriffe möglich wird. Das Bundesverfassungsgericht hat allerdings in dem hier erörterten Beschluß die Ausdehnung des Eingriffs auf faktische Beeinträchtigungen nicht ausdrücklich vorgenommen oder auch nur gebilligt. Denn bei den Hoheitsakten, die den Gegenstand der Verfassungsbeschwerden bildeten, handelte es sich um die Zustimmungsgesetze zu den Ostverträgen und somit um imperative Beeinträchtigungen. Das Gericht hat lediglich durch eine weniger rigide Wortwahl der begrifflichen Erweiterung den Boden bereitet.

c) Im Schrifttum herrscht hinsichtlich der Frage, ob *faktische Beeinträchtigungen* den *Grundrechtseingriffen* zuzurechnen sind und damit dem Gesetzesvorbehalt unterworfen sind, eine erhebliche Verwirrung[108]. So vertritt *Bleckmann*[109] die Ansicht, auch faktische Eingriffe seien „Eingriffe im Sinne des Verfassungsrechts, so daß der Eingriffsvorbehalt den Erlaß eines Gesetzes fordert"; wie sich aus dem Kontext ergibt, scheint der Autor aber nur solche faktischen Beeinträchtigungen zu meinen, die einen Dritten, etwa den Konkurrenten eines Subventionsempfängers, mittelbar betreffen. Nach *Friauf*[110] ist es „heute durchgehend anerkannt, daß Grundrechte ihren Trägern Schutz nicht nur gegen unmittelbare, befehlende oder verbietende Eingriffe, sondern auch gegen mittelbare, faktische Beeinträchtigungen gewähren". Eigenartigerweise widmet sich die Diskussion um die Reichweite des Eingriffs-Begriffs weitgehend den ungezielten, nicht finalen, zufälligen und mittelbaren faktischen Einwirkungen, obwohl doch gezielte, finale, gewollte und unmittelbare Realakte keineswegs selten sind und überdies zum traditionellen Instrumentarium

---

[106] Bekanntlich setzt die Zulässigkeit einer gegen Rechtsvorschriften gerichteten Verfassungsbeschwerde voraus, daß der Antragsteller „selbst, gegenwärtig und unmittelbar betroffen" ist. — Vgl. z.B. BVerfG, B. v. 1.3.1979, BVerfGE 50, 290 (319).

[107] Vgl. oben bei Fn. 92.

[108] Vgl. *Grabitz,* Eberhard: Freiheit und Verfassungsrecht, Tübingen, 1976, S. 26—37, 62—64.

[109] *Bleckmann;* Subventionsrecht (Fn. 84), § 5 I 2 c (S. 44).

[110] *Friauf,* Karl Heinrich: Gemeindliche Ausgleichsansprüche beim Hochschulbau, Osnabrück, o.J. (1972), S. 51.

des Polizeirechts und des Verwaltungszwanges gehören. So ist es bezeichnend, daß *Gallwas*[111] seine mehrfach zitierte Monographie „Faktische Beeinträchtigungen im Bereich der Grundrechte" im Untertitel als einen „Beitrag zum Begriff der Nebenwirkungen" verstanden wissen will. Auch andere neuere Abhandlungen zur Grundrechtsdogmatik befassen sich vorzugsweise mit solchen hoheitlichen Realakten, deren Effekte nur als Reflex-, Folge- oder Nebenwirkungen spürbar werden[112].

Das Grundgesetz gibt keine verläßliche Antwort auf die Frage, ob die Grundrechte auch der Abwehr von faktischen Übergriffen des Staates zu dienen bestimmt sind. Die Beschreibungen der Grundrechtstatbestände und der in ihnen enthaltenen Schrankenvorbehalte lassen nicht erkennen, daß die in ihnen vorgesehenen „Eingriffe und Beschränkungen" — so die Formulierung des Art. 13 II 1 GG — ausschließlich durch imperativen Akt, also durch hoheitlichen Zwang, zu erfolgen hätten[113]. Immerhin könnte man aus dem Schutzzweck des klassischen Gesetzesvorbehalts eine derartige Begrenzung entnehmen[114]. Überzeugender dürfte es sein, den Weg der Grundrechtsinterpretation zu beschreiten[115].

Dabei stellt sich heraus, daß einige Grundrechtsbestimmungen deutlich auf imperative Beeinträchtigungen gemünzt sind[116]. Zweifellos ist dies bei der Heranziehung zu bestimmten Diensten. So können Männer zum Dienst in den Streitkräften, im Bundesgrenzschutz oder in einen Zivilschutzverband „verpflichtet" werden (Art. 12 a I GG)[117]. Gemäß Art. 13 II GG dürfen Durchsuchungen von Wohnungen „angeordnet" werden; Anordnungen aber sind Musterbeispiele staatlicher Regelungen, die dem Betroffenen die Pflicht zu einem Verhalten auferlegen[118]. Ähnliches gilt für die (klassische) Enteignung im Sinne des Art. 14 III GG; sie stellt die rechtsförmlich ausgesprochene Entziehung oder Minderung von Eigentum dar, wobei zugleich die Entschädigung festzusetzen ist[119]. Die Soziali-

---

[111] Vgl. oben Fn. 91.

[112] Vgl. *Grabitz*, Freiheit (Fn. 108), S. 26, 35, 62 („mittelbare oder [!] ‚faktische' Beeinträchtigungen"); *Schwabe*, Jürgen: Probleme der Grundrechtsdogmatik, Darmstadt, 1977, S. 176—194.

[113] Über die Gleichsetzung von Zwang und Befehl vgl. *Grabitz*, Freiheit (Fn. 108), S. 26.

[114] Dies tut *Gallwas*, Beeinträchtigungen (Fn. 91), S. 94—96; reserviert demgegenüber *Grabitz*, Freiheit (Fn. 108), S. 27.

[115] Vgl. schon *Gallwas*, Beeinträchtigungen (Fn. 91), S. 51—54.

[116] Vgl. *Gallwas*, Beeinträchtigungen (Fn. 91), S. 71: „Maßnahmen, die wesensmäßig in Gestalt imperativer Beeinträchtigungen erfolgen."

[117] Vgl. auch Art. 12 a II 1 („verpflichtet"), III 1 („herangezogen", „verpflichtet", „Verpflichtungen") GG.

[118] Die gleiche Rechtstechnik findet in Art. 10 II 1 GG Anwendung, der es zuläßt, daß Beschränkungen des Brief-, Post- und Fernmeldegeheimnisses „angeordnet" werden.

[119] Zur Ausdehnung auf faktische Hoheitsakte vgl. unten Fn. 125.

II. Der Gesetzesvorbehalt als Eingriffsvorbehalt

sierung ist sogar ausschließlich der imperativen Handlungsform des Gesetzes vorbehalten (Art. 15 GG).

Die meisten Grundrechtsbestimmungen sind in ihrem Wortlaut jedoch neutral und lassen daher keine eindeutigen Schlüsse zu[120]. Die von ihnen umhegten Schutzgüter sind aber zum Teil von einer solchen Beschaffenheit, daß eine Ausklammerung faktischer Beeinträchtigungen einer teilweisen Verweigerung des Grundrechtsschutzes gleichkäme. So wehrt „das Recht auf Leben und körperliche Unversehrtheit" (Art. 2 II 1 GG) auch solche Hoheitsakte ab, die nicht in die Rechtsform des Befehls gekleidet sind, sondern sich als Realakte im faktischen Vollzug erschöpfen[121]. Das in Art. 3 III GG enthaltene Verbot der Ungleichbehandlung schließt auch tatsächliche Benachteiligungen aus rassischen oder politischen Gründen aus, da andernfalls eine Fülle möglicher Diskriminierungen unerfaßt bliebe; Art. 3 III GG verpflichtet den Staat „in allen seinen hoheitlichen Erscheinungsformen"[122], also einschließlich der Realakte. Ein weiteres Beispiel bietet der Art. 5 I 1 GG: Ein unzulässiger Eingriff in die Informationsfreiheit ist gegeben, wenn ein Interessent tatsächlich daran gehindert wird, sich aus allgemein zugänglichen Quellen zu unterrichten. Einen Beleg gibt auch Art. 9 III 3 GG ab: Die dort untersagten „Maßnahmen" — wie etwa der Einsatz der Streitkräfte — sind teilweise realer Natur; ihre ausdrückliche Erwähnung läßt erkennen, daß sie von der Verfassung als Grundrechtseingriffe angesehen werden. Im Unterschied zu Art. 13 II GG sind die sonstigen von Art. 13 III GG vorgesehenen Eingriffe in die Freiheit der Wohnung nicht auf imperative Beeinträchtigungen beschränkt; eine Maßnahme, die „zur Abwehr einer gemeinen Gefahr oder einer Lebensgefahr für einzelne Personen" ergriffen wird, kann vielmehr auch die äußere Form des Realakts annehmen[123].

Dieser Überblick zeigt, daß schon die Textfassung mancher Grundrechtsbestimmungen geeignet ist, auch Realakte ihrem Garantiebereich zu unterstellen. Berücksichtigt man ferner den Schutzzweck der Grundrechte, liegt die Annahme nahe, daß die Grundrechte Abwehrkräfte auch gegenüber hoheitlichen Realakten entfalten können[124]. Damit müßten sie

---

[120] Ähnlich *Gallwas*, Beeinträchtigungen (Fn. 91), S. 51 f., 53.

[121] Demgemäß werden als Beispiele für Eingriffe in die körperliche Unversehrtheit z.B. „das Scheren des Haares eines Gefangenen, alle Arten der körperlichen Mißhandlung wie Züchtigung, Prügelstrafe, Folterung, ..., Entmannung und Unfruchtbarmachung" genannt (*von Mangoldt*, Hermann / *Klein*, Friedrich: Das Bonner Grundgesetz, Bd. I, Berlin—Frankfurt a.M., 1957, Art. 2 Anm. V 3 [S. 187]).

[122] So *Dürig*, in *Maunz*, Theodor — *Dürig*, Günter — *Herzog*, Roman — *Scholz*, Rupert: Grundgesetz, München, Stand August 1979, Art. 3 III Rdnr. 170.

[123] Vgl. die bei *von Mangoldt / Klein*, GG (Fn. 121), Art. 13 Anm. IV 4 (S. 407 f.) genannten Beispiele.

[124] So *Gallwas*, Beeinträchtigungen (Fn. 91), S. 56—63.

zugleich dem Prinzip des Gesetzesvorbehalts unterliegen. Die Erstreckung des Grundrechtsschutzes und des Gesetzesvorbehalts auf faktische Hoheitsakte führt allerdings zu erheblichen praktischen und dogmatischen Schwierigkeiten[125]. Da jede staatliche Aktivität eine Fülle unvorhersehbarer und zufälliger Folgen nach sich ziehen kann, wäre deren vorherige Umschreibung in Gesetzen kaum möglich. Unterließe aber der Gesetzgeber die Erwähnung entfernter oder mittelbarer Grundrechtsauswirkungen, wäre die Exekutive — die Geltung eines so weitreichenden Gesetzesvorbehalts unterstellt — zur Passivität verurteilt[126].

Zur Überwindung dieses Dilemmas zwischen Rechtsstaat und Verwaltungsbedürfnissen sind mancherlei Lösungen vorgetragen worden. So soll es möglich sein, daß faktische Eingriffe zwar den Grundrechtstatbestand berühren, aber dennoch nicht dem Gesetzesvorbehalt und damit den Schrankenbestimmungen der Grundrechtsbestimmungen unterliegen[127]. Ein anderer Weg besteht darin, mittelbare und nur in der Person Dritter eintretende Grundrechtseingriffe vom Grundrechtsschutz auszunehmen; ähnliches könnte gelten, wenn faktische Maßnahmen, von der Behörde ungewollt, grundrechtlich bedenkliche Nebenwirkungen nach sich zögen[128]. Wie immer die grundrechtstheoretische Behandlung von Tathandlungen schließlich beschaffen sein wird, sicher dürfte sein, daß eine totale Beschränkung des Grundrechtsschutzes auf imperative Beeinträchtigungen keine Billigung mehr finden dürfte. Denn nach der Feststellung *Gallwas'*[129] lassen „Theorie und Praxis ... schon bisher den Grundrechtsschutz nicht schlagartig an der Grenze zwischen den imperativen und faktischen Beeinträchtigungen enden". Wo künftig diese Grenze verlaufen wird, mag ungewiß sein. Der Streit um die Abgrenzung unmittelbarer und mittelbarer, finaler und nicht finaler Eingriffe zeigt, daß jedenfalls diejenigen Realakte den imperativen Akten gleichzustellen sind, die in ihrer Struktur und Wirkung hoheitlichen Anordnungen entsprechen.

d) Die hier zu qualifizierenden *Maßnahmen der schulischen Exekutive* unterscheiden sich nur graduell von staatlichen Imperativen und heben

---

[125] Ein Beispiel dafür bietet die Ausdehnung der Enteignung auf faktische Eingriffe. Im Enteignungsrecht genügt „bereits die tatsächliche Einwirkung ...", um eine Enteignung zu begründen" (BGH, U. v. 25.6.1959, BGHZ 30, 338 [350]). — Vgl. ferner *Ossenbühl*, Fritz: Staatshaftungsrecht, München, 2. Aufl., 1978, S. 117, sowie die umfassende Monographie von *Ramsauer*, Ulrich: Die faktischen Beeinträchtigungen des Eigentums, Berlin, 1979.

[126] Vgl. *Gallwas*, Beeinträchtigungen (Fn. 91), S. 94.

[127] So *Scholz*, Rupert: Anm. zu VG Berlin, U. v. 15.5.1974, DÖV 1975, 136 (137).

[128] Über derartige Möglichkeiten unterrichten *Gallwas*, Beeinträchtigungen (Fn. 91), S. 18—41; *Grabitz*, Freiheit (Fn. 108), S. 26—37; *Kirchhof*, Paul: Verwalten durch „mittelbares" Einwirken, Köln (usw.), 1977, S. 189—192 u.ö.; *Schwabe*, Grundrechtsdogmatik (Fn. 112), S. 176—194.

[129] Beeinträchtigungen (Fn. 91), S. 165 (sub 5).

sich deutlich von den in der Literatur zumeist erörterten Fällen der faktischen Neben-, Folge- oder Drittwirkung ab. Unmittelbarer Adressat der sozialen Erziehung sind die ihr ausgesetzten Kinder. Die bei dieser Erziehung vorgenommenen edukatorischen Einwirkungen sind auch nicht ungewollt oder zufällig. Sie sind vielmehr beabsichtigt und geschehen zwangsläufig. Der einzige Unterschied zu einer imperativen Beeinträchtigung besteht darin, daß die Verabfolgung der Sozialerziehung keine rechtliche Regelung enthält, insbesondere nicht den Befehl zur Duldung der Erziehung[130]. Die Rechtslage wird somit nicht verändert, die Schule nimmt vielmehr nur tatsachengestaltende Verwaltungshandlungen vor. Derartige Fallkonstellationen werden in der Literatur offenbar als so unproblematisch angesehen, daß sie kaum erwähnt werden[131]. Die vielfältigen Bemühungen um die Ausgrenzung „eingriffsferner" Maßnahmen[132] zeigen, daß jedenfalls diejenigen Realakte als Grundrechtseingriffe zu betrachten sind, deren faktische Wirkung ohne vermittelnde Stufen in der Person des Adressaten eintritt. Keines der Argumente, mit deren Hilfe die Schwierigkeiten des grundrechtlichen Schutzes gegenüber faktischen Folge-, Neben-, Reflex- oder Drittwirkungen dargetan werden, schließt es aus, die unmittelbare Unterwerfung unter hoheitliches Realhandeln dem Grundrechtsschutz zu unterstellen. Weder sind die Folgen ungewollt oder zufällig, noch entziehen sie sich der Voraussicht durch Bürger, Verwaltung oder Gesetzgeber.

Obwohl die Sozialerziehung somit prinzipiell geeignet ist, als Realakt den Anforderungen eines grundrechtlichen Eingriffs zu genügen und damit die Anwendung des Gesetzesvorbehalts herbeizuführen, bedarf es dennoch einer weiteren Analyse. Nicht nur die imperative, auch die faktische Beeinträchtigung muß die Grundrechtsposition des Betroffenen zu seinem Nachteil verändern[133]. Es ist jedenfalls nicht offenkundig, daß Veränderungen in der Erziehungsarbeit der Schule als Verschlechterungen im Sinne der Grundrechtslehre anzusehen sind. Naheliegend wäre es eher, die Steuerung des sozialen Verhaltens als eine zusätzliche Leistung der Schule zu bewerten, durch die sie die Fülle ihrer bisher schon erbrachten Leistungen vermehrt.

Für eine solche Einordnung spräche, daß die Schule häufig der Leistungsverwaltung zugerechnet wird[133a]. Wenngleich auch im Bereich der

---

[130] Vgl. schon oben S. 25.
[131] Bezeichnend etwa die Darstellung „schlichter Beeinträchtigungen" bei *Gallwas*, Beeinträchtigungen (Fn. 91), S. 16, der lediglich die Beschädigung von Stromkabeln bei Straßenbauarbeiten und die Errichtung eines gemeindlichen Gewerbebetriebs nennt.
[132] Zu diesem Kriterium vgl. *Gallwas*, Beeinträchtigungen (Fn. 91), S. 37.
[133] Vgl. oben II 3 a und b.
[133a] Vgl. schon oben II 2.

Schule Grundrechtseingriffe vorgenommen werden, wie etwa die Begründung der Schulpflicht, so liegt doch das Schwergewicht schulischer Betätigung in der Gewährung staatlicher Wohltaten. Deshalb rechnet *Erichsen*[134] den „Gesamtkomplex" schulischer Erziehung zur Leistungsverwaltung[135]. Die Bestimmung der von der Schule zu lehrenden und in ihr zu lernenden „Fächer" stellt sich sodann lediglich als die Bestimmung des Umfangs der Leistungen dar. Die Aufnahme neuer Lehrstoffe ist somit prinzipiell kein realer Grundrechtseingriff, auch wenn damit zusätzliche Belastungen der Schüler verbunden sein sollten.

Trotzdem kommt der Eingriff nicht nur als eine Unterricht und Erziehung flankierende Maßnahme in Betracht. Schon die von *Ossenbühl*[136] vorgenommene Qualifizierung der staatlichen Schulerziehung als „hoheitlich verordnete(r) Zwangserziehung" sollte nachdenklich stimmen. Auch das Bundesverwaltungsgericht[137] sieht in der „Regelung des Schulverhältnisses nicht nur leistende, sondern auch eingreifende Verwaltung".

Im vorliegenden Falle gelten überdies Besonderheiten, die dafür sprechen, bestimmte Formen der Erziehung den Eingriffen zuzurechnen. Die Lenkung des Sozialverhaltens geschieht nicht innerhalb eines speziellen Faches oder Lernbereiches — etwa in Gestalt der Sozialkunde —, sondern durchdringt die gesamte schulische Betreuung in den ersten beiden Grundschulklassen. Damit entscheidet sich der Staat nicht nur für ein bestimmtes Unterrichtsprinzip, sondern bekundet zugleich die Wichtigkeit des neuen Erziehungszieles. Die Sozialintervention unterscheidet sich von anderen schulischen Unterrichts- und Erziehungsmaßnahmen dadurch, daß sie in erheblich stärkerem Maße auf die kindliche Persönlichkeit einwirkt. Der Staat, der „die Verbesserung des gesamten Sozialverhaltens"[138] erstrebt, begnügt sich nicht damit, die möglicherweise mit dem Erlernen von Grundfertigkeiten wie Lesen, Schreiben und Rechnen verbundenen Änderungen der kindlichen Persönlichkeit zu billigen. Er sucht vielmehr planmäßig den unmittelbaren Zugriff auf die

---

[134] Rechtsgutachten (Fn. 46), S. 29. — Widersprüchlich ist es aber, daß die Sozialerziehung als Maßnahme der Leistungsverwaltung einen grundrechtlichen Abwehranspruch auslösen soll (ebd. S. 56 f.) und daß die Zeugnisregelung ein „massiver Eingriff" in das Erziehungsrecht der Eltern sein soll (ebd. S. 110); der Versuch, diesen „Konflikt" zu überbrücken (S. 89), überzeugt nicht.

[135] Ähnlich *Wolff / Bachof*, VerwR I (Fn. 92), § 3 I b 2 (S. 19), die Schulen zur Vorsorgeverwaltung und damit zur leistenden Verwaltung rechnen.

[136] Grundfragen (Fn. 1), S. 41.

[137] U. v. 15.11.1974, BVerwGE 47, 201 (204). — Im U. v. 14.7.1978, BVerwGE 56, 155 (158), hat das Gericht das Vorliegen eines Grundrechtseingriffs nicht deshalb abgelehnt, weil der zu beurteilende Staatsakt eine „pädagogische Maßnahme" war.

[138] So die Formulierung in „Empfehlungen des Deutschen Bildungsrats" zum „Lernen in den ersten Schuljahren" (abgedruckt in „Grundlagen und Materialien" [Fn. 1], S. 6).

II. Der Gesetzesvorbehalt als Eingriffsvorbehalt

Person, die er nach einem ihm vorschwebenden Bilde zu formen wünscht. Mag dies aus der Sicht des Staates auch eine Wohltat sein, so wird doch dadurch deren Eingriffscharakter nicht ausgeschlossen. Triviale Beispiele wie der Impfzwang oder die Unterbringung in einer Heilanstalt zeigen, daß aufgedrängten Leistungen die Rechtsform grundrechtlicher Eingriffe zukommen kann.

Hiergegen ließe sich einwenden, daß auch bisher die Schule stets die Persönlichkeit der ihr anvertrauten Kinder beeinflußt habe. Die traditionellen Formen und Inhalte staatlicher Schule wurden indes bis vor wenigen Jahren allseits akzeptiert, so daß die an sie zu stellenden rechtlichen Anforderungen im dunkeln bleiben konnten. Erst die mannigfachen Reformen der jüngeren Zeit haben die Schule zu einem politischen Kampffeld werden lassen, wodurch auch dessen rechtliche Begrenzungen neu entfachtes Interesse fanden. Die Toleranz, die gegenüber den hergebrachten Einwirkungen auf die Persönlichkeit üblich war, wird nicht mehr aufgebracht, wenn der Schulbetrieb des Staates von seinen Bürgern unterschiedlich beurteilt wird.

An dieser Stelle braucht der Frage nicht nachgegangen zu werden, wie es mit der rechtlichen Fundierung der überkommenen Beeinflussungen durch die Schule steht. Im Streite ist hier allein, ob die vom nordrhein-westfälischen Kultusminister betriebene Ausdehnung der Sozialerziehung mit dem Verfassungsrecht in Einklang steht. Bedeutung und Schwere seiner Maßnahme, mit deren Hilfe er in Neuland vordringt, sprechen dafür, sie als einen Eingriff im Sinne der Grundrechtsdogmatik anzusehen. Eine faktische „Verschlechterung" der Rechtspositionen wird dadurch herbeigeführt, daß das Kind hinsichtlich seiner sozialen Eigenschaften und Verhaltensweisen in Bahnen gelenkt wird, die der Staat und nicht es selbst bestimmt; zugleich wird in entsprechendem Maße die Befugnis der Eltern zur Erziehung ihrer Kinder zurückgedrängt. Die soziale Lenkung ist auch nicht von nur geringer Eingriffsintensität, sondern erfaßt die gesamte Persönlichkeit, wie insbesondere auch an der umfassenden Beobachtungstätigkeit durch die Lehrer erkennbar ist[139]. Die Umbildung der Identität des Menschen ist, wird sie vom Staat betrieben, ein Eingriff in das Innerste der Persönlichkeit[140].

Die damit prinzipiell bejahte Geltung des Gesetzesvorbehalts wird nicht etwa dadurch ausgeschlossen, daß die Lenkung kindlichen Sozialverhaltens innerhalb eines besonderen Gewaltverhältnisses vonstatten gehe. Daß auch Grundrechtseingriffe gegenüber solchen Personen, die nach früherer Terminologie in einem besonderen Gewaltverhältnis

---

[139] Vgl. oben A II.
[140] *Ossenbühl*, Grundfragen (Fn. 1), S. 49, ist sogar der Ansicht, daß schon „die Beurteilung des (nur) äußeren Sozialverhaltens den Persönlichkeitskern eines Menschen trifft".

standen, einer gesetzlichen Grundlage bedürfen, ist durch die Rechtsprechung des Bundesverfassungsgerichts anerkannt und vor allem für das Schulrecht ausgesprochen worden[141]. Ferner entfällt die Verbindlichkeit des Gesetzesvorbehalts nicht deshalb, weil die ministeriellen Runderlasse möglicherweise nur eine bereits bestehende Praxis rechtfertigen. Mag auch schon vor der Zeugnisreform die Schulpraxis das Sozialverhalten beeinflußt haben, so stellen doch die Zeugniserlasse eine demonstrative Bekundung des staatlichen Erziehungsanspruchs dar und verleihen ihm, wenngleich nur mit verwaltungsinterner Wirkung, das verbindliche rechtliche Profil; jedenfalls kommt aber den Erlassen schon deshalb eine eingreifende Wirkung zu, weil sie zumindest deklaratorisch die Befugnis zu intensiver staatlicher Soziallenkung ausdrücklich feststellen.

e) Abschließend bedarf es noch der Benennung der *grundrechtlichen Positionen*, die von der Zeugnisreform und ihrem Vollzug betroffen werden. Es sind dies das Grundrecht der Persönlichkeit und das Recht zur Erziehung der Kinder[142]. Das erste steht den Kindern zu, das zweite den Eltern. Das Persönlichkeitsrecht findet seine Grundlage in Art. 2 I GG und wird vom Bundesverfassungsgericht häufig mit Art. 1 I GG verknüpft[143]. Man hat es auch Grundrecht auf Achtung der personalen Integrität genannt[144]. Das Recht der Eltern, ihre Kinder zu erziehen, wird in Art. 6 II 1 GG begründet, vielleicht sogar als naturrechtlich vorgegeben bestätigt.

III. Der Gesetzesvorbehalt als Wesentlichkeitsvorbehalt

Unterliegt demnach die in der Zeugnisreform zum Ausdruck gelangende Persönlichkeitsintervention dem Gesetzesvorbehalt in seiner Ausprägung als Eingriffsvorbehalt, so bleibt nunmehr näher zu untersuchen, ob die berührten Grundrechte (Art. 2 I i.V.m. Art. 1 I, Art. 6 II 1 GG) Eingriffe zulassen und ob gesetzliche Ermächtigungen vorhanden sind. Diese Prüfung muß jedoch zunächst zurückgestellt werden[145], da zuvor auf die

---

[141] Vgl. BVerfG, B. v. 14.3.1972, BVerfGE 33, 1 (9—11); B. v. 27.1.1976, BVerfGE 41, 251 (259 ff.); B. v. 22.6.1977, BVerfGE 45, 393 (417 f.); B. v. 21.12.1977, BVerfGE 47, 46 (78), sowie *Kiepe*, Folkert: Entwicklungen beim besonderen Gewaltverhältnis und beim Vorbehalt des Gesetzes, DÖV 1979, 399.

[142] Die gleichen Grundrechte zieht das Bundesverfassungsgericht in seiner Sexualkunde-Entscheidung, B. v. 21.12.1977, BVerfGE 47, 46 (69), als rechtliche Maßstäbe heran.

[143] Vgl. B. v. 11.4.1973, BVerfGE 35, 35 (39); B. v. 24.5.1977, BVerfGE 44, 352 (372); B. v. 21.12.1977, BVerfGE 47, 46 (73); BayObLG, U. v. 8.11.1978, NJW 1979, 2624 (2625).

[144] *Fehnemann*, Ursula: Schultests im Schulrecht, Recht der Jugend und des Bildungswesens (RdJB) 1979, 266 (268).

[145] Zur Beschränkbarkeit der genannten Grundrechte vgl. unten IV, zu den in Betracht zu ziehenden Rechtsgrundlagen V.

III. Der Gesetzesvorbehalt als Wesentlichkeitsvorbehalt

bereits oben[146] angedeutete richterrechtliche Umformung des Gesetzesvorbehalts einzugehen ist.

1. Das Bundesverfassungsgericht[147] hat in seiner jüngeren Rechtsprechung den *Gesetzesvorbehalt* „auf ein *neues Fundament*" gestellt. Aus Erwägungen, die dem Rechtsstaatsgrundsatz und dem Demokratieprinzip verpflichtet sind, hat es den Gesetzesvorbehalt von dem „in der Praxis fließenden Abgrenzungsmerkmal des ‚Eingriffs'"[148] gelöst und an die „Wesentlichkeit" der staatlichen Entscheidungen geknüpft; insbesondere im grundrechtsrelevanten Bereich sollen die „wesentlichen" Entscheidungen durch den Gesetzgeber getroffen werden[149]. Diese — alsbald mit dem Etikett „Wesentlichkeitstheorie"[150] versehene — Umgestaltung des klassischen Eingriffsvorbehalts hat inzwischen eine zahlreiche Gefolgschaft gefunden[151].

2. Die *Einwände* gegen diese juristische Erfindung des Bundesverfassungsgerichts sind mit Händen zu greifen[152]. Nicht nur, daß sich über das „Wesentliche" trefflich streiten läßt, weil dieses Kriterium noch fließender ist als das des Eingriffs, auch die Zurückdrängung, ja Verdrängung des Eingriffs ist bedenklich. Vom „Eingriff" spricht das Grundgesetz, wenngleich in unterschiedlicher sprachlicher Version, selbst in Art. 2 II 2 und Art. 13 III. Es kann daher nicht Sache des Bundesverfassungsgerichts sein, einen im Grundgesetz verwendeten und von seinen Urhebern offenbar als rechtlich bedeutsam angesehenen Begriff nach eigenem Belieben zu desavouieren.

Das Gericht hat sich inzwischen auch schon veranlaßt gesehen, die Zweifel an seiner Judikatur zurückzuweisen; seine Verteidigung steht aber auf schwachen Füßen. Die Behauptung, die Wesentlichkeitstheorie drücke nur eine Selbstverständlichkeit aus[153], ist unzutreffend. Denn das

---

[146] Vgl. II 1 a.E.
[147] B. v. 21.12.1977, BVerfGE 47, 46 (79).
[148] So die Formulierung im B. v. 28.10.1975, BVerfGE 40, 237 (249).
[149] Vgl. BVerfG, U. v. 6.12.1972, BVerfGE 34, 165 (192 f.); B. v. 14.10.1975, BVerfGE 40, 233 (248—250); B. v. 27.1.1976, BVerfGE 41, 251 (259 f.); B. v. 22.6.1977, BVerfGE 45, 400 (417 f.); B. v. 21.12.1977, BVerfGE 47, 46 (78—80, 82 f.); B. v. 19.4.1978, BVerfGE 48, 210 (221, 222); B. v. 8.8.1978, BVerfGE 49, 89 (126 f.).
[150] Vgl. *Oppermann*, Thomas: Die erst halb bewältigte Sexualerziehung, JZ 1978, 289.
[151] Vgl. nur BVerwG, B. v. 15.11.1974, BVerwGE 47, 194 (197 f.); U. v. 15.11.1974, BVerwGE 47, 201 (204 f.); U. v. 7.6.1978, BVerwGE 56, 31 (40); U. v. 14.6.1978, BVerwGE 56, 155 (157—160); U. v. 22.3.1979, MDR 1979, 1047 (1048); Hess. VGH, B. v. 18.8.1976, NJW 1976, 1856 f.; OVG NW, B. v. 18.8.1977, DVBl. 1978, 62 (63 f.); U. v. 13./27.9.1979, JZ 1980, 93; *Evers*, Hans-Ulrich: Gesetzesvorbehalt im Schulrecht (VGH Kassel, NJW 1976, 1856), JuS 1977, 804 (806—808).
[152] Vgl. auch *Krebs*, Jura 1979, 304 (308 f.).
[153] BVerfG, B. v. 21.12.1977, BVerfGE 47, 46 (79).

B. Die verfassungsrechtliche Bewertung der Zeugnisreform

Bundesverfassungsgericht hat selbst mehr als zwanzig Jahre gebraucht, ehe es einen angeblich selbstverständlichen Rechtssatz in Worte zu kleiden wußte.

Zudem hat das Grundgesetz in den Schrankenbestimmungen zahlreicher Grundrechte detailliert festgelegt, ob und in welchem Maße der Gesetzgeber Eingriffe vornehmen oder zulassen darf, und insofern selbst die Entscheidung über die „Wesentlichkeit" getroffen. Das Bundesverfassungsgericht[154] hat immerhin die Schrankenvorbehalte der Grundrechtsvorschriften als „Ausprägungen" des von ihm ersonnenen „Wesentlichkeitsvorbehalts" deklariert, damit aber zu erkennen gegeben, daß es sich als Herrn über das Grundrechtssystem ansieht, dem der Verfassungsgeber Belege und Material für richterliche Konstruktionen liefere. Das Selbstbewußtsein des Bundesverfassungsgerichts wird besonders deutlich an dem — sein eigenes Tun lobenden — Hinweis, es habe den Gesetzesvorbehalt „auf ein anderes Fundament gestellt"[155]. Umbauten im Bereich zentraler und unangefochtener Verfassungsprinzipien vorzunehmen, ist allein der verfassungsändernde Gesetzgeber berufen.

Die Kritik an der Rechtsprechung des Bundesverfassungsgerichts richtet sich somit dagegen, daß der Eingriffsvorbehalt, der zum Arsenal des deutschen Verfassungsrechts gehört, leichter Hand zu einer quantité négligeable erklärt wird. Hätte sich das Gericht damit begnügt, die Ausdehnung des Gesetzesvorbehalts auf Bereiche der nicht eingreifenden Staatstätigkeit zu propagieren, dann hätte es sich nicht die zahlreichen Blößen gegeben, die aus seiner Distanzierung vom Grundrechtseingriff folgen müssen. Eine solche Erweiterung wurde seit langer Zeit von den Verfechtern der Lehre vom sogenannten Totalvorbehalt gefordert, die sämtliche Betätigungen der Exekutive von der Erlaubnis des Gesetzgebers abhängig zu machen wünschten[156]. Deren Bestrebungen wäre die lang entbehrte verfassungsrechtliche Weihe zuteil geworden, hätte das Bundesverfassungsgericht auch außerhalb der bereits vom Eingriffsvorbehalt erfaßten Materien das Erfordernis des förmlichen Gesetzes aufgestellt. Eine solche Fortbildung des Verfassungsrechts hätte zwar auch mancherlei Probleme aufgeworfen (wie etwa die mit der Ausweitung eines Gesetzesvorbehalts zwangsläufig verbundene Erteilung von Gesetzgebungsaufträgen), hätte sich aber dogmatisch überzeugender begründen lassen.

---

[154] B. v. 8.8.1978, BVerfGE 49, 89 (127). — Im B. v. 28.10.1975, BVerfGE 40, 237 (249), wurde den „Grundrechte(n) mit ihren speziellen Gesetzesvorbehalten" zugestanden, daß sie bei der Ermittlung der vom Gesetzesvorbehalt erfaßten Bereiche „konkretisierende, weiterführende Anhaltspunkte" gäben, und im B. v. 21.12.1977, BVerfGE 47, 46 (79), daß der Schutz der Grundrechte „einen wichtigen Gesichtspunkt" vermittle.

[155] Vgl. oben Fn. 147.

[156] Vgl. die Darstellung bei *Bleckmann*, Subventionsrecht (Fn. 84), S. 45—49.

III. Der Gesetzesvorbehalt als Wesentlichkeitsvorbehalt

Der Weg, den das Bundesverfassungsgericht beschritten hat, führt dagegen in einen Wust von Unklarheiten und Ungereimtheiten. So soll der „Wesentlichkeitsvorbehalt" nicht auf den grundrechtsrelevanten Bereich beschränkt sein, wohl aber in ihm ein bevorzugtes Anwendungsgebiet finden[157]. Da die Grundrechtsrelevanz weit über die Eingriffstatbestände hinausreicht und deshalb eine Eigenschaft der meisten Staatsakte ist, dürfte der „Wesentlichkeitsvorbehalt", soweit er für nicht grundrechtsrelevante Maßnahmen in Betracht kommt, nur noch eine Direktive für organisatorische Regelungen abgeben.

Der schwächste Punkt der neuen „Theorie" ist jedoch das Verhältnis des „Wesentlichkeitsvorbehalts" zum Eingriffsvorbehalt. Während mitunter der Eindruck erweckt wird, der „Wesentlichkeitsvorbehalt" stelle nur eine Erweiterung des Eingriffsvorbehalts dar und lasse diesen daher unberührt[158], scheint das Bundesverfassungsgericht anderenorts der Ansicht zuzuneigen, der Eingriffsvorbehalt sei nunmehr verdrängt und ersetzt worden[159]. Es ist jedoch keineswegs sicher, daß das Gericht den Eingriffsvorbehalt aufgegeben hat. Abgesehen davon, daß die Schrankenbestimmungen der Grundrechte weiterhin von der Rechtsfigur des Eingriffs geprägt sind und nicht zur Disposition des Bundesverfassungsgerichts stehen[160], hat das Gericht selbst eingeräumt, daß die grundrecht-

---

[157] Vgl. BVerfG, B. v. 8.8.1978, BVerfGE 49, 89 (126).
[158] Gemäß dem B. v. 28.10.1975, BVerfGE 40, 237 (249), wird die Formel, wonach Eingriffe in Freiheit und Eigentum eines Gesetzes bedürfen, „dem heutigen Verfassungsverständnis *nicht mehr voll* gerecht" (Hervorhebung nicht im Original). In derselben Entscheidung bezeichnet das Gericht die von ihm betriebene Rechtsfortbildung als „Ausdehnung des allgemeinen Gesetzesvorbehalts über die überkommenen Grenzen hinaus" (S. 249) und „auf weitere Bereiche" (S. 250). Schon in einem B. v. 6.5.1958, BVerfGE 8, 155 (166 f.), deutete das Bundesverfassungsgericht an, daß auch bei einer Verschiebung der Grenzen des Gesetzesvorbehalts oder „Allgemeinvorbehalts" dieser Vorbehalt nur auf neue Bereiche „ausgedehnt" werde, er als Eingriffsvorbehalt offenbar weiterhin von Bedeutung sein solle.
[159] So heißt es im B. v. 21.12.1977, BVerfGE 47, 46 (78 f.), der Gesetzesvorbehalt sei „von seiner Bindung an überholte Formeln (Eingriff in Freiheit und Eigentum) gelöst" worden; der neue Gesetzesvorbehalt entspreche „dem Ansatze nach der überkommenen Vorbehaltslehre, ohne daß allerdings zwischen Eingriffen und Leistungen zu unterscheiden ist" (ebd. S. 79). Nach dem B. v. 28.10.1975, BVerfGE 40, 237 (249), soll die Frage, welche Entscheidungen vom Gesetzgeber zu treffen sind, „losgelöst" vom Abgrenzungsmerkmal des Eingriffs beantwortet werden (ebenso B. v. 8.8.1978, BVerfGE 49, 89 [126]). Auch *Gallwas*, Hans-Ullrich: Verfassungsrechtliche Grundlagen des Datenschutzes, Der Staat 18 (1979), 507 (511), meint, daß „der verfassungsrechtliche Ausgangspunkt, nämlich die Vorstellung vom Eingriff als das den Grundrechtsschutz auslösende Moment durch die Entwicklung der Rechtsprechung des BVerfG stark relativiert, wenn nicht gar überholt" sei. Unklar zum Verhältnis von Eingriffsvorbehalt und „Wesentlichkeitsvorbehalt" *Schwerdtfeger*, Gunther: Öffentliches Recht in der Fallbearbeitung, 5. Aufl., München, 1980, S. 24 f.
[160] Im Sexualkunde-Beschluß v. 21.12.1977, BVerfGE 47, 46 (79), gesteht das Bundesverfassungsgericht unumwunden ein, die meisten Grundrechtsartikel sähen vor, „daß Eingriffe nur durch Gesetz oder auf Grund eines Gesetzes zu-

lichen Schrankenvorbehalte (immerhin) „Ausprägungen" des allgemeinen — durch das Merkmal der „Wesentlichkeit" gekennzeichneten — Gesetzesvorbehalts seien[161]. Damit muß die Weiterexistenz des Eingriffsvorbehalts trotz der neueren Rechtsprechung angenommen werden, jedenfalls so lange, wie das Bundesverfassungsgericht ihn nicht förmlich aus dem Grundgesetz verbannt. Daß das Gericht trotz mancher mißverständlichen Ausführungen weiterhin an den Rechtskonstruktionen des Eingriffs und des Eingriffsvorbehalts festhält, wird übrigens an seiner Judikatur zum besonderen Gewaltverhältnis deutlich. Die Einbeziehung dieses traditionsreichen Rechtsinstituts in den umfassenden Grundrechtsschutz geschieht mit Hilfe von Argumenten, die dem Fundus des Eingriffsvorbehalts entnommen sind[162].

3. Obwohl der Eingriffsvorbehalt neben dem „Wesentlichkeitsvorbehalt" weiterhin gilt, erscheint die Prüfung angebracht, ob im vorliegenden Fall auch die *Voraussetzungen* dieses zweiten Vorbehalts gegeben sind. Denn es kann jedenfalls nicht ausgeschlossen werden, daß das Bundesverfassungsgericht den Eingriffsvorbehalt als verdrängt ansieht. Außerdem ist die persönlichkeitsformende Schulmaßnahme in jener Grenzzone angesiedelt, in der Eingriffe, eingriffsähnliche Maßnahmen und lenkende Nichteingriffe stufenlos aufeinander folgen[163], so daß sich auch aus diesem Grunde eine Berücksichtigung der neuen Lehre empfiehlt.

a) Stellt man sich auf den Boden der vom Bundesverfassungsgericht vertretenen Ansicht, wonach „die Abgrenzung der dem Gesetzgeber vorbehaltenen Entscheidungen mit dem Begriff ‚wesentlich' umschrieben wird"[164], gilt es nunmehr, *Kriterien der Wesentlichkeit* zu suchen. Wenngleich das Gericht bisher davon abgesehen hat, die Wesentlichkeit zu definieren, so enthalten seine Judikate doch immerhin einige Hinweise für einen Gesetzgeber, der über die Notwendigkeit von Gesetzen nach-

---

lässig sind". Dies ist ein erstaunliches Bekenntnis, da im selben Atemzug der Eingriffsvorbehalt als „überholte Formel" (vgl. Fn. 159) den Abschied erhält.

[161] Siehe Fn. 154.

[162] So wird im B. v. 14.3.1972, BVerfGE 33, 1 (11), die Geltung des Gesetzesvorbehalts mit der Erwägung begründet, es widerspreche Art. 1 III GG, „wenn im Strafvollzug die Grundrechte beliebig oder nach Ermessen eingeschränkt werden könnten". — Vgl. ferner BVerfG, B. v. 29.10.1975, BVerfGE 40, 276 (283), wonach „Grundrechte von Strafgefangenen ... nur durch Gesetz oder aufgrund eines Gesetzes eingeschränkt werden" dürfen, gleichwohl aber „Eingriffe in die Grundrechte von Strafgefangenen auch ohne gesetzliche Stütze für eine Übergangsfrist hingenommen werden, bis der Gesetzgeber Gelegenheit hat, ... ein ... Strafvollzugsgesetz mit hinreichend bestimmten Eingriffstatbeständen zu erlassen".

[163] Vgl. Hess. VGH, B. v. 18.8.1976, NJW 1976, 1856 (1857): „Die üblichen Abgrenzungsmerkmale von Eingriff und Begünstigung gehen ... im Bereich des Schulwesens ineinander über."

[164] BVerfG, B. v. 21.12.1977, BVerfGE 47, 46 (79).

III. Der Gesetzesvorbehalt als Wesentlichkeitsvorbehalt

denkt. Das Wort „wesentlich", dem das Bundesverfassungsgericht die Qualität eines Begriffs zubilligt, könnte das „Wesen" einer Sache bezeichnen — wäre dann allerdings jenen wissenschaftstheoretischen Einwendungen ausgesetzt, die *Wilhelm Scheuerle*[165] für den Bereich des juristischen Begründens gegen das „Wesen des Wesens" erhoben hat. Offenbar hat das Bundesverfassungsgericht eine derart anspruchsvolle und anfechtbare Wortverwendung aber nicht im Sinne. Vielmehr legt es dem Ausdruck „wesentlich" lediglich die triviale Bedeutung „wichtig" bei. Dafür spricht die beifällige Zitierung zweier Diskussionsbeiträge auf dem 51. Deutschen Juristentag: Dort sei nämlich darauf hingewiesen worden, „daß ‚wesentlich' als zunächst heuristischer Begriff und nicht als Beitrag zur Dogmatisierung zu verstehen sei, als ein Begriff, der im Grunde nur eine *Binsenweisheit* ausspreche, daß nämlich die *wirklich wichtigen* Dinge in einem parlamentarisch-demokratischen Staatswesen vor das Parlament gehörten"[166]. Für den „grundrechtsrelevanten Bereich"[167] — und damit für das umfänglichste Anwendungsfeld des „Wesentlichkeitsvorbehalts"[168] — gibt das Bundesverfassungsgericht sogar eine Interpretation des Wortes „wesentlich": „in der Regel" bedeute es „‚wesentlich für die Verwirklichung der Grundrechte'"[169]. Trotz dieser vagen und mißverständlichen Formel dürfte es nicht geboten sein, nach dem Wesen der Grundrechtsverwirklichung zu fahnden. Nahe liegt vielmehr die Annahme, daß auch an dieser Stelle der Ausdruck „wesentlich" durch das Wort „wichtig" ersetzt werden kann. Dann besagt der „Wesentlichkeitsvorbehalt", soweit er sich auf Grundrechte bezieht, nichts anderes, als daß hoheitliche Entscheidungen, die für die Verwirklichung von Grundrechten wichtig sind, eines Gesetzes bedürfen[170].

Dem Bundesverfassungsgericht ist jedoch nicht verborgen geblieben, daß sich bereits das Grundgesetz mit der Verwirklichung von Grund-

---

[165] Das Wesen des Wesens, AcP 163 (1963), 429.

[166] BVerfG, B. v. 21.12.1977, BVerfGE 47, 46 (79 [Hervorhebungen nicht im Original]) unter Hinweis auf die „Verhandlungen des einundfünfzigsten Deutschen Juristentages", Bd. II (Sitzungsberichte), München, 1976, S. M 108 u. 115. — Einer der beiden Diskussionsredner war Bundesverfassungsrichter Simon gewesen, der auch als Richter an dem ihn zitierenden, seinen Namen aber verschweigenden (Sexualkunde-)Beschluß beteiligt war.

[167] BVerfG ebd.

[168] Vgl. oben III 1.

[169] BVerfG, B. v. 21.12.1977, BVerfGE 47, 46 (79), unter unzutreffendem Hinweis auf BVerfG, U. v. 6.12.1972, BVerfGE 34, 165 (192); B. v. 28.10.1975, BVerfGE 40, 237 (248 f.); B. v. 27.1.1976, BVerfGE 41, 251 (260 f.). — An den genannten Stellen ist das wörtliche Zitat nicht zu finden.

[170] Auch im B. v. 28.10.1975, BVerfGE 40, 237 (249, 250), wird die „Ausdehnung des allgemeinen Gesetzesvorbehalts" mit der Erwägung gerechtfertigt, daß „in bestimmten *grundlegenden* Bereichen" der Gesetzgeber „die *grundlegenden* Entscheidungen" von „*grundsätzlichen* Fragen" zu treffen habe (Hervorhebungen nicht im Original). — Vgl. ferner BVerfG, B. v. 8.8.1978, BVerfGE 49, 89 (126): „in grundlegenden normativen Bereichen".

B. Die verfassungsrechtliche Bewertung der Zeugnisreform

rechten, worunter vor allem die Grundrechtsausübung durch die Grundrechtsträger zu verstehen sein dürfte, ausgiebig befaßt hat. Mit Hilfe der Schrankenvorbehalte, die den meisten Grundrechtsbestimmungen beigefügt sind, hat sich die Verfassung der Problematik der Grundrechtsverwirklichung angenommen und sie in der Weise geregelt, daß Eingriffe regelmäßig eines Gesetzes bedürfen. Man mag diese Rechtstechnik damit erklären, daß jeder Eingriff so „wesentlich" oder „wichtig" sei, daß er durch ein förmliches Gesetz erlaubt werden müsse. Gewonnen ist mit einer solchen Deutung der Schrankenvorbehalte jedoch nichts. Das Bundesverfassungsgericht versucht demgegenüber dem „Wesentlichkeitsvorbehalt" eine höhere Weihe als der „überkommenen Vorbehaltslehre" beizulegen, indem es herablassend zugesteht, die „meisten Grundrechtsartikel" sähen „ohnehin vor, daß Eingriffe nur durch Gesetz oder aufgrund eines Gesetzes zulässig sind"[171].

Ferner räumt das Bundesverfassungsgericht an derselben Stelle ein, die Wesentlichkeit einer Maßnahme und damit die Erforderlichkeit eines Gesetzes richte sich „zunächst allgemein nach dem Grundgesetz"[172]. Dieser Satz enthält einen wahren Kern, wäre aber nur dann korrekt, wenn man das Wort „zunächst" durch das treffendere „ausschließlich" ersetzte. Immerhin läßt sich an der vom Bundesverfassungsgericht benutzten Wendung erkennen, daß jedenfalls den unstreitigen Entscheidungen des Grundgesetzes der Vorrang vor richterrechtlichen Konstruktionen zukommen soll. Da aber der in den grundrechtlichen Schrankenvorbehalten vorgesehene Eingriffsvorbehalt auch durch moderne Lehren nicht verdrängt werden kann, erweist sich die Wesentlichkeitstheorie insoweit als ein Beispiel für des Kaisers neue Kleider. Die Karlsruher Schneider hätten sich damit begnügen sollen, durch vorsichtige Ausdehnung der im Grundgesetz geregelten Fälle dem Gesetzesvorbehalt ein neues Feld zu erschließen. So hätte es nahegelegen, solche („grundrechtsrelevanten") Maßnahmen an das Erfordernis eines Gesetzes zu binden, die zwar nicht als Grundrechtseingriffe anzusehen sind, aber wegen ihrer Eingriffsnähe oder -verwandtschaft eine gleiche rechtliche Behandlung verdienen. Wegen des in der Tat mitunter fließenden Übergangs zwischen dem Eingriff und dem Nichteingriff[173] wäre die Einbeziehung unklarer Grenzfälle in den Bereich des Gesetzesvorbehalts billigenswert gewesen. Ein Anlaß oder gar Zwang, sich des Eingriffsvorbehalts zu entledigen und an

---

[171] BVerfG, B. v. 12.12.1977, BVerfGE 47, 46 (79).

[172] Ebd. — Vager ist die Formulierung im B. v. 8.8.1978, BVerfGE 49, 89 (127), wonach die „verfassungsrechtlichen Wertungskriterien (sc. für das Erfordernis eines Gesetzes) ... in erster Linie den tragenden Prinzipien des Grundgesetzes, insbesondere den vom Grundgesetz anerkannten und verbürgten Grundrechten" zu entnehmen" seien.

[173] Vgl. schon oben III 1 u. 3 vor a.

III. Der Gesetzesvorbehalt als Wesentlichkeitsvorbehalt

seine Stelle die unbrauchbaren Formeln des „Wesentlichen" oder „Wichtigen" treten zu lassen, bestand jedoch nicht[174].

b) Legt man die „Wesentlichkeitstheorie" des Bundesverfassungsgerichts zugrunde, so kommt es darauf an, ob die im Verwaltungswege betriebene *Zeugnisreform* eine *„wesentliche"*, d.h. wichtige, *Maßnahme* darstellt, ob sie also „wesentlich für die Verwirklichung der Grundrechte" ist[175]. Diese Frage nach der Wesentlichkeit schulischer Maßnahmen wurde in den letzten Jahren häufig gestellt[176]. Insbesondere das Bundesverfassungsgericht hat dazu beigetragen, das Schulrecht dem Gesetzesvorbehalt zu erschließen[177]. Mit Recht hat man von einem „geradezu rasanten Vordringen des Vorbehalts des Gesetzes in ihm noch vor kurzem entzogene Bereiche" gesprochen[178]. Die „heute im Schulrecht siegreiche, ‚Wesentlichkeitstheorie'"[179] hat bewirkt, daß zahlreiche Schulangelegenheiten der Kultusbürokratie entglitten sind und der Verantwortung des Parlaments unterstellt wurden. Die offenkundige Affinität des „Wesentlichkeitsvorbehalts" zum Schulrecht dürfte damit zusammenhängen, daß in diesem Bereich der fließende Übergang zwischen Eingriff und Leistung besonders häufig und deutlich ist. So weisen die Gerichte darauf hin, daß „im Schulverhältnis bei der Frage nach der Grundrechtsrelevanz

---

[174] Eine grundrechtsdogmatische Verbesserung bringt übrigens der „Wesentlichkeitsvorbehalt" auch nicht für die dogmatische Bewältigung der Beschränkung schrankenloser Grundrechte — wie z.B. der Kunstfreiheit des Art. 5 III GG — mit sich. Deren Einschränkung ist keineswegs schon dann zulässig, wenn es gilt, eine für die Verwirklichung der Grundrechte wesentliche Entscheidung zu treffen. Vielmehr unterliegen Eingriffe in derartige Grundrechte weitergehenden Restriktionen. So hat zum Beispiel das Bundesverfassungsgericht in seinem Mephisto-Beschluß v. 24.2.1971, BVerfGE 30, 173 (193), es für unzulässig erklärt, daß die Kunstfreiheit „durch eine unbestimmte Klausel relativiert" werden dürfe, „welche ohne verfassungsrechtlichen Ansatzpunkt und ohne ausreichende rechtsstaatliche Sicherung auf eine Gefährdung der für den Bestand der staatlichen Gemeinschaft notwendigen Güter abhebt". Die bloße Wesentlichkeit einer Maßnahme ist somit als Rechtfertigung eines Grundrechtseingriffs nicht ausreichend. Eine Lösung sucht das Bundesverfassungsgericht vielmehr in einer Abwägung zwischen dem — formal unbeschränkbaren — Grundrecht und anderen Verfassungsrechtssätzen (ebd. S. 193 ff.); mitunter greift es aber auch zum Hilfsmittel der „immanenten Schranke" (B. v. 22.5.1975, BVerfGE 39, 334 [367]). — Vgl. zu den Grundrechtsbeschränkungen außerhalb der grundrechtlichen Gesetzesvorbehalte Schnapp, Friedrich E.: Grenzen der Grundrechte, JuS 1978, 729 (732—735).

[175] Vgl. oben bei Fn. 169.

[176] Vgl. die Darstellung bei *Niehues*, Norbert: Schul- und Prüfungsrecht, München, 1976, Rdnr. 64—84; sowie neuestens *Niehues*, Norbert: Der Vorbehalt des Gesetzes im Schulwesen, DVBl. 1980, 446.

[177] Von den in Fn. 149 zitierten sieben Entscheidungen beziehen sich vier auf schulrechtliche Probleme: BVerfGE 34, 165 (Förderstufe); 41, 251 (Schulausschluß); 45, 400 (Oberstufenreform); 47, 46 (Sexualkunde).

[178] So die Formulierung von *Götz*, Volkmar: Anm. zu BVerwG, U. v. 26.4.1979, DVBl. 1979, 882.

[179] *Götz* ebd., der bemerkt, daß diese Entwicklung das Subventionsrecht noch nicht erreicht habe.

zwischen Eingriffen und Leistungen kaum zu unterscheiden" sei[180]. Sicher sind die Verwaltungsgerichte im Umgang mit der Wesentlichkeitstheorie allerdings nicht. So bedienen sie sich zwar gern des vom Bundesverfassungsgericht ausgegebenen Schlagworts der Grundrechtsrelevanz, fallen aber dennoch mitunter in die traditionelle Terminologie zurück, indem sie von Eingriffen sprechen. So bezeichnet das Bundesverwaltungsgericht[181] die Entscheidung über die Nichtversetzung als „grundrechtsrelevant", weil sie das Grundrecht des Art. 2 I GG „berührt", qualifiziert aber zugleich „die Nichtversetzung eines Schülers als Grundrechtseingriff". Nach der Ansicht des Hessischen Verwaltungsgerichtshofes[182] gehört das Schulwesen zum Bereich der Grundrechtsausübung, da es in das Erziehungsrecht der Eltern und Grundrechte der Schüler „eingreift". Selbst das Bundesverfassungsgericht hat Mühe, sich von „überholten Formeln"[183] zu lösen; so zieht es im Sexualkunde-Beschluß[184] einen „Eingriff in das elterliche Grundrecht aus Art. 6 Abs. 2 GG" bei der Durchführung des Unterrichts in Betracht.

Der Zeugnisreform kann das Prädikat „grundrechtsrelevant" zuerkannt werden, wenn sie auf die Grundrechtsausübung Einfluß hat. Die Grundrechte, um deren Verwirklichung es im schulischen Bereich geht, sind diejenigen der kindlichen Persönlichkeitsentfaltung und des elterlichen Erziehungsrechts[185]. Den Schülern wird durch die Zeugnisreform eine bestimmte Persönlichkeitsentwicklung zugedacht. Diese grundrechtliche Auswirkung ist auch nicht nur zufällig und nebensächlich. Denn die Zeugnisreform beschränkt sich keineswegs auf die äußeren Modalitäten des schulischen Verwaltungsverfahrens. Sie geht vielmehr Hand in Hand mit einer Änderung des Erziehungsprogramms, indem das Sozialverhalten in grundlegend veränderter Weise der staatlichen Erziehungsgewalt ausgesetzt wird[186]. Zumindest aber stellt die Zeugnisreform die unumwundene und von höchster Instanz vorgenommene Bestätigung einer möglicherweise schon vorher geübten Erziehungspraxis dar, die nunmehr den am Schulrechtsverhältnis Beteiligten offenbart und damit zugleich ins Blickfeld der Öffentlichkeit gerückt wird. Selbst wenn man es ablehnt, die nordrhein-westfälische Reform als Grundrechtseingriff zu qualifizieren[187], führt sie doch immerhin zur Berührung von Grund-

---

[180] BVerwG, U. v. 14.7.1978, BVerwGE 56, 155 (158); ähnlich Hess. VGH, B. v. 18.8.1976, NJW 1976, 1856 (1857).

[181] U. v. 14.7.1978, BVerwGE 56, 155 (157, 158). — Im Abdruck des Urteils in der amtlichen Sammlung findet sich statt des zutreffenden Ausdrucks „Grundrechtseingriff" (NJW 1979, 229) der Druckfehler „Grundrechtsbegriff".

[182] B. v. 18.8.1976, NJW 1976, 1856 (1857).

[183] Vgl. oben Fn. 159.

[184] B. v. 21.12.1977, BVerfGE 47, 46 (84).

[185] Vgl. oben II 3 e.

[186] Vgl. oben A V.

[187] Vgl. oben II 3 d.

III. Der Gesetzesvorbehalt als Wesentlichkeitsvorbehalt

rechten und ist somit „grundrechtsrelevant"[188]. Denn die staatliche Verhaltenslenkung tangiert das Recht zur Entfaltung der kindlichen Persönlichkeit; außerdem macht der Staat in demselben Umfang, in dem er sich der Formung der Schülerpersönlichkeit widmet, den Eltern das Erziehungsrecht streitig und verdrängt es teilweise.

Damit ist zugleich das Urteil über die Wesentlichkeit oder Wichtigkeit der Maßnahme gesprochen. Staatliche Interventionen in solche Grundrechtsbereiche, die dem Schutze der innersten Persönlichkeit dienen, sind niemals so unwesentlich oder unwichtig, daß die Exekutive sich eigenmächtig zur Betreuung derart personengebundener Rechtsgüter aufschwingen dürfte. Daß die „Intensität" einer Regelung das Eingreifen des „Wesentlichkeitsvorbehalts" auslösen kann, hat das Bundesverfassungsgericht[189] bereits ausgesprochen. Wenn der Staat sich den Zugang zur Persönlichkeit seiner Bürger erschließen will und er deren Verhalten nach einem ihm vorschwebenden Bilde zu formen trachtet, dann sollte die Erlaubnis zu derartigen Maßnahmen in die Hand der Volksvertretung gelegt werden. Die Kultusbürokratie darf sich daher nicht eines Schleichweges in die Persönlichkeit bedienen. Das Erziehungsrecht der Eltern gemäß Art. 6 II 1 GG ist gleichfalls von hohem Rang, wie schon an seiner verfassungsrechtlichen Charakterisierung als eines „natürlichen Rechts" erkennbar ist. Es stellt eine spezielle Ausformung des Rechts der Persönlichkeit dar und ist mit dieser aufs engste verknüpft. Die Gründe, die an früherer Stelle angeführt wurden[190], um den Eingriffscharakter der Reform nachzuweisen, vermögen somit zugleich als Belege dafür zu dienen, daß die Maßnahme des Kultusministers „wesentlich" ist.

Die Wesentlichkeit der Zeugnisreform folgt überdies daraus, daß die Geltendmachung des staatlichen Erziehungsanspruchs im vorliegenden Fall zu einem Konflikt mit Grundrechtspositionen der Schüler und ihrer Eltern führt[191]. Die Grenzen zwischen den divergierenden Rechten sind aber mangels eindeutiger Aussagen im Grundgesetz „oft flüssig und nur schwer auszumachen", wie es im Sexualkunde-Beschluß[192] heißt. Da die „Markierung" dieser Grenzen für die Grundrechtsausübung „vielfach von maßgebender Bedeutung" ist, muß sie nach Ansicht des Bundesverfassungsgerichts[193] „daher Aufgabe des Gesetzgebers" sein.

---

[188] *Ossenbühl*, Grundfragen (Fn. 1), S. 58: „Die Grundrechtsrelevanz von Zeugnisregelungen liegt ... offen zutage."
[189] B. v. 8.8.1978, BVerfGE 49, 89 (127).
[190] Vgl. oben II 3 d u. e.
[191] Vgl. Näheres dazu unten S. 51 f.
[192] BVerfG, B. v. 12.12.1977, BVerfGE 47, 46 (80).
[193] Ebd.

Das Ergebnis ist somit, daß die nordrhein-westfälische Zeugnisreform jedenfalls insoweit einer gesetzlichen Fundierung bedurfte, als sie sich die Lenkung kindlichen Sozialverhaltens zum Ziele setzt[194]. Bestätigt wird dieses Resultat durch die Sexualkunde-Entscheidungen des Bundesverfassungsgerichts[195] und des Bundesverwaltungsgerichts[196], die übereinstimmend die Einführung dieses Faches an die vorherige Erlaubnis des Gesetzgebers banden. Daher ist es nicht nötig, die zahlreichen sonstigen schulrechtlichen Judikate auf ihre Parallelität zu der vorliegenden Problematik zu untersuchen[197]. Bei der Sexualkunde handelt es sich — ebenso wie bei der Sozialerziehung — um eine schulische Maßnahme, die erheblichen Einfluß auf die kindliche Persönlichkeit haben kann. Außerdem gilt für die Sozialerziehung dasselbe Urteil, das vom Bundesverfassungsgericht[197a] hinsichtlich der Sexualerziehung ausgesprochen wurde, daß ihr „grundsätzlich eine größere Affinität zum elterlichen Bereich als zum schulischen Sektor zukommt".

IV. Die Beschränkbarkeit der betroffenen Grundrechte

Die (kumulative) Anwendung des Eingriffsvorbehalts[198] und des „Wesentlichkeitsvorbehalts"[199] führt somit zu dem Ergebnis, daß aus zwei Gründen ein förmliches Gesetz erforderlich ist, in dem die Zeugnisreform zu regeln ist oder das wenigstens die Grundlage für eine im Verordnungswege vorzunehmende Zeugnisreform ist. Das Vorhandensein eines solchen Gesetzes ist jedoch nur eine notwendige, nicht aber eine hinreichende Bedingung für die Einschränkbarkeit der berührten Grundrechte. Die im Einklang mit einem Gesetzesvorbehalt ergangenen grundrechtseingreifenden oder -beschränkenden Gesetze müssen nämlich überdies den speziellen Schrankenbestimmungen genügen, die in unterschiedlichster Form Bestandteile der Grundrechtsvorschriften sind. Das ist für diejenigen Gesetze selbstverständlich, die schon wegen des Eingriffsvorbehalts nötig sind. Denn die in den Grundrechtsbestimmungen vorgesehenen Schranken sind auf hoheitliche Eingriffe zugeschnitten[200]. Nichts anderes kann aber für solche Gesetze gelten, die kraft der Wesent-

---

[194] Auch *Erichsen*, Rechtsgutachten (Fn. 46), S. 96—104, und *Ossenbühl*, Grundfragen (Fn. 1), S. 58, haben die Voraussetzungen für die Anwendung der Wesentlichkeitstheorie und damit für die Geltung des Gesetzesvorbehalts als gegeben angesehen.
[195] B. v. 21.12.1977, BVerfGE 47, 46.
[196] B. v. 15.11.1974, BVerfGE 47, 194.
[197] Vgl. insoweit die Nachweise bei *Niehues*, Schulrecht (Fn. 176), Rdnr. 66 bis 73, 283—286.
[197a] B. v. 21.12.1977, BVerfGE, 47, 46 (75).
[198] Vgl. oben II.
[199] Vgl. oben III.
[200] Vgl. BVerfG, B. v. 21.12.1977, BVerfGE 47, 46 (79).

IV. Die Beschränkbarkeit der betroffenen Grundrechte 45

lichkeit ihrer normativen Materie erlassen werden müssen. Stellte man diese Gesetze von der Beachtung der grundrechtlichen Schrankenvorbehalte frei, würde dies zu einer Umgehung des grundrechtlichen Schrankensystems führen. Selbst das Bundesverfassungsgericht hat gelegentlich eingeräumt, daß die Grundrechtsvorbehalte „Ausprägungen" des Gesetzesvorbehalts seien[201], und somit zu verstehen gegeben, daß die speziellen Schranken der jeweils betroffenen Grundrechte maßgeblich seien.

1. Das *Grundrecht der* (kindlichen) *Persönlichkeit,* das von Art. 2 Abs. 1 in Verbindung mit Art. 1 GG gewährt wird[202], ist nicht schrankenlos, sondern wird durch die Schrankentrias des Art. 2 Abs. 1 GG begrenzt. Somit ist dieses Grundrecht an den Rahmen der verfassungsmäßigen Ordnung, d.h. der gesamten Rechtsordnung, gebunden[203]. Der staatliche Gesetzgeber ist daher in der Lage, durch normative Anweisungen die Exekutive zu Eingriffen in die Persönlichkeitssphäre zu ermächtigen. Außer Art. 19 Abs. 2 GG, der den Wesensgehalt des Grundrechts vor dem staatlichen Zugriff schützt[204], mag es noch weitere Schranken-Schranken geben, die es dem Gesetzgeber verwehren, auf die Persönlichkeit der Bürger einzuwirken. So ist es bedenkenswert, um so höhere Anforderungen an Gesetze zu richten, je nachhaltiger der Zugriff auf die Persönlichkeit sein soll. Auf einer solchen Erwägung beruht die Ansicht des Bundesverfassungsgerichts[205], wonach Eingriffe in den „engsten Intimbereich" ausgeschlossen sind, Eingriffe dagegen regelmäßig zulässig sind, wenn auf menschliche Handlungen eingewirkt werden soll, „die sich in ‚Kommunikation' mit anderen vollziehen" und einen intensiven „Sozialbezug" aufweisen. Doch können die hiermit bezeichneten Probleme unerörtert bleiben, solange es ungewiß ist, ob überhaupt rechtliche Grundlagen für die erzieherische Intervention des Landes Nordrhein-Westfalen vorhanden sind[206]. Insbesondere kann es im vorliegenden Zusammenhang dahinstehen, ob die staatliche Lenkung des Sozialverhaltens den engsten Intimbereich des Menschen berührt oder ihn als Teilnehmer an kommunikativen Geschehnissen erfaßt.

2. Das *elterliche Erziehungsrecht* (Art. 6 II 1 GG)[207] wird von der Verfassung gleichfalls nicht schrankenlos gewährt. Schon die eigenartige

---

[201] BVerfG, B. v. 8.8.1978, BVerfGE 49, 89 (127). — Vgl. auch oben Fn. 154.
[202] Vgl. oben II 3 e.
[203] BayObLG, U. v. 8.11.1978, NJW 1979, 2624 (2625).
[204] Aus dieser Vorschrift leitet das BVerfG, U. v. 16.1.1957, BVerfGE 6, 32 [41], die Ansicht ab, „daß dem einzelnen Bürger eine Sphäre privater Lebensgestaltung verfassungskräftig vorbehalten ist, also ein letzter unantastbarer Bereich menschlicher Freiheit besteht, der der Einwirkung der gesamten öffentlichen Gewalt entzogen ist".
[205] U. v. 10.5.1957, BVerfGE 6, 389 [433].
[206] Vgl. dazu unten V.

grundrechtliche Konstruktion, wonach „Pflege und Erziehung der Kinder" nicht nur „das natürliche Recht der Eltern", sondern auch die „zuvörderst ihnen obliegende Pflicht" ist, spricht dafür, daß die elterliche Erziehungsgewalt nicht beliebig ausgeübt werden darf. Denn sinnvoll ist eine verfassungsrechtliche Erziehungspflicht nur dann, wenn sie auf eine vom Grundgesetz für positiv erachtete Erziehung gerichtet ist; eine Erziehungspflicht dagegen, die sich in einem Verbot erzieherischer Passivität erschöpfte und sich mit jedweder erzieherischer Aktivität begnügte, verdiente den verfassungsrechtlichen Aufwand nicht. Auch die altertümliche Wendung, daß „zuvörderst" den Eltern die Aufgabe der Erziehung obliege, deutet auf eine Beteiligung anderer Instanzen an der Erziehung und damit auf eine Begrenzung der elterlichen Rechte hin. Ein ausdrückliches Bekenntnis zur staatlichen Intervention enthält Art. 6 II 2 GG; danach wacht die staatliche Gemeinschaft über die Erziehungstätigkeit der Eltern[208]. Weitere Eingriffe sieht Art. 6 III GG vor, der bei Verwahrlosung die Trennung der Kinder von ihren Familien zuläßt.

3. Außer in den soeben (2) genannten Fällen wird das Erziehungsrecht vor allem durch die unscheinbare *Vorschrift des Art. 7 I GG* begrenzt, der das gesamte Schulwesen der Aufsicht des Staates unterstellt. Die dieser kargen Bestimmung zuteil gewordene Auslegung hat ihr eine Bedeutung beigelegt, die weit über ihren Wortlaut hinausgeht und den Staat nicht auf die Schulaufsicht beschränkt.

Aus der Erwähnung des „Schulwesens" in Art. 7 I GG und der „Lehrziele" in Art. 7 IV 3 GG läßt sich lediglich der Schluß ziehen, daß der staatliche Unterricht als Vermittlung von Fähigkeiten und Fertigkeiten die verfassungsrechtliche Regelform bilde. Hinsichtlich der Erziehung schweigt das Grundgesetz jedoch. Trotzdem wird die vom Staat betriebene erzieherische Bildung und Formung der Persönlichkeit für verfassungsrechtlich zulässig erachtet und als von Art. 7 I GG legitimiert angesehen[209]. Bei näherer Betrachtung stellt sich demnach heraus, daß die — in Art. 6 II 1 GG nur angedeutete — Mitwirkung anderer Erzieher als der Eltern zu einem Erziehungskondominium führt, an dem der Staat beteiligt ist.

---

[207] Vgl. schon oben II 3 e. — Nicht mehr berücksichtigt wurde *Böckenförde, Ernst-Wolfgang:* Elternrecht — Recht des Kindes — Recht des Staates, in: Essener Gespräche zum Thema Staat und Kirche. Hrsg. v. J. Krautscheidt u. H. Marré, Bd. 14, Münster, 1980, S. 54.

[208] Vgl. hierzu BVerfG, B. v. 29.7.1968, BVerfGE 24, 119 (138 f.).

[209] Vgl. BVerfG, B. v. 15.6.1971, BVerfGE 31, 194 (204); U. v. 6.12.1972, BVerfGE 34, 165 (183); B. v. 21.12.1977, BVerfGE 47, 46 (71 f., 80); B. v. 16.10.1979, NJW 1980, 575; *Erichsen,* Hans-Uwe: Verstaatlichung der Kindeswohlentscheidung?, Berlin—New York, 1978, S. 11 f.; *Ossenbühl,* Grundfragen (Fn. 1), S. 39—42; ders., Schule im Rechtsstaat, DÖV 1977, 801 (807).

IV. Die Beschränkbarkeit der betroffenen Grundrechte

Daß das Grundgesetz nicht mehr tut, als konkludent die staatliche Erziehung zu gestatten, ist verständlich. Da das Schulwesen im wesentlichen in die Kompetenz der Länder fällt, konnte die Verfassung die nähere Regelung der Erziehungshoheit den Gliedstaaten überlassen und sich damit begnügen, in Art. 7 I GG eine Rechtsgrundlage bereitzustellen. Somit ist es auch erklärlich, daß das Grundgesetz — im Unterschied zu manchen Landesverfassungen[210] — keine Erziehungsziele proklamiert.

Bejaht man die staatliche Erziehungskompetenz, so ist der nächste Schritt unausweichlich, daß in dem gleichen Maße, wie der Staat in Übereinstimmung mit der Verfassung von seiner Erziehungsbefugnis Gebrauch macht, das elterliche Erziehungsrecht zurückgedrängt wird. Grundrechtsdogmatisch gesprochen heißt dies, daß Art. 6 II 1 GG durch Art. 7 I GG beschränkt wird[211]. Dabei ist es im vorliegenden Zusammenhang unerheblich, ob das elterliche Erziehungsrecht gegenüber dem staatlichen Erziehungsrecht grundsätzlich den Vorrang genießt, ihm gleichgeordnet ist oder hinter ihm zurücktritt[212].

Art. 7 I GG wirkt aber nicht nur auf das Grundrecht der elterlichen Erziehung ein, sondern auch auf das Persönlichkeitsrecht der Schüler[213]. Diese sind unmittelbar der staatlichen Erziehung ausgesetzt, können ihr aber, soweit sie im Einklang mit dem Verfassungsrecht steht, das Grundrecht aus Art. 2 I in Verbindung mit Art. 1 I GG nicht entgegenhalten. Dabei kann die Frage offenbleiben, ob Art. 7 I GG — ähnlich wie im Verhältnis zu Art. 6 I GG — eine eigenständige Ergänzung der Schrankentrias des Art. 2 I GG bildet oder ob die staatliche Erziehungskompetenz ein Bestandteil der „verfassungsmäßigen Ordnung" ist. In beiden Fällen ist die Geltendmachung des staatlichen Erziehungsanspruchs eine Maßnahme, die das Grundrecht der freien Entfaltung der Persönlichkeit zurückdrängt[214].

---

[210] Vgl. unten V 2.
[211] Zutreffend hat das OVG Lüneburg, U. v. 18.2.1969, OVGE 25, 418 [422], ausgeführt, daß Grundrechte durch institutionelle Vorschriften wie Art. 7 Abs. 1 GG eingeschränkt seien.
[212] Vgl. zu diesem Rangproblem BVerfG, U. v. 6.12.1972, BVerfGE 34, 165 (183); B. v. 12.12.1977, BVerfGE 47, 46 (72); B. v. 16.10.1979, NJW 1980, 575; *Erichsen,* Kindeswohlentscheidung (Fn. 209), S. 12—20; ders., Rechtsgutachten (Fn. 46), S. 39—60, 70; *Ossenbühl,* Grundfragen (Fn. 1), S. 41, 42.
[213] Vgl. oben II 3 e.
[214] Im Sexualkunde-Beschluß v. 21.12.1977, BVerfGE 47, 46 (80), ist von den „Grenzen zwischen dem staatlichen Erziehungsauftrag (Art. 7 Abs. 1 GG) und dem Elternrecht (Art. 6 Abs. 2 GG) sowie den Persönlichkeitsrechten des Kindes (Art. 2 Abs. 1 GG)" die Rede, woraus folgt, daß das Bundesverfassungsgericht Art. 2 I und 7 I GG als einander berührende Normen ansieht. Bedenklich ist die Ansicht *Kirchhofs,* Verwalten (Fn. 128), S. 237, wonach dem Erziehungsauftrag des Staates ein individuelles Abwehr- oder Gegenwirkungsrecht der betroffenen Schüler nicht gegenüberstehe.

V. Die vorhandenen Rechtsgrundlagen der Zeugnisreform

Nunmehr ist geklärt, daß staatliche Erziehung grundrechtlich zulässig ist. Da eine Ausnahme für die Sozialerziehung nicht ersichtlich ist, muß auch sie prinzipiell für erlaubt erachtet werden (sofern sie sich überhaupt von anderen Formen der Erziehung unterscheiden läßt). Will der Staat seine im Grundgesetz anerkannte Erziehungsgewalt ausüben, so bedarf es eines Gesetzes, wenn Grundrechtseingriffe vorgesehen sind[215] oder das Kriterium der grundrechtlichen Relevanz erfüllt ist[216]. Es wurde bereits dargelegt, daß die staatliche Sozialerziehung die Voraussetzungen sowohl des Eingriffsvorbehalts als auch diejenigen des „Wesentlichkeitsvorbehalts" erfüllt und somit nach beiden Betrachtungsweisen ein förmliches Gesetz vonnöten ist[217].

1. Bedenkenswert ist die Frage, ob das *Grundgesetz* selbst *als Rechtsgrundlage der Sozialerziehung* in Betracht kommt. Die Verfassung gestattet dem Staat den erzieherischen Zugriff auf die Persönlichkeit der seiner Schulhoheit anvertrauten Bürger[218]. Art. 7 I GG, aus dem sich diese bundesverfassungsrechtliche Befugnis ergibt, legt jedoch keine Erziehungsziele fest und schreibt somit den staatlichen Erziehungsinstanzen kein pädagogisches Modell vor[219]. Insbesondere ist das vom Bundesverfassungsgericht[220] vielfach beschworene „Menschenbild des Grundgesetzes" kein Erziehungsziel, mit dessen Verfolgung die Schulen betraut wären. Die Rechtsfigur des „Menschenbildes" dient dem Bundesverfassungsgericht allein dazu, Eingriffe in die Persönlichkeitssphäre zu beurteilen: Dieses „Menschenbild" sei nicht das eines selbstherrlichen Individuums, sondern das der in der Gemeinschaft stehenden und ihr vielfältig verpflichteten Persönlichkeit[221]; der einzelne müsse sich diejenigen Schranken seiner Handlungsfreiheit gefallen lassen, die der Gesetzgeber zur Pflege und Förderung des sozialen Zusammenlebens in den Grenzen des Zumutbaren ziehe[222]. Trotzdem braucht diese Rechts- oder Argumentationsfigur für das Problem der Erziehungsziele nicht ohne Belang zu sein. So spricht manches dafür, daß solche Erziehungsziele nicht festgelegt werden dürfen, die dem „Menschenbild des Grundgesetzes" zuwider-

---

[215] Vgl. oben II.
[216] Vgl. oben III.
[217] Vgl. oben IV vor 1.
[218] Vgl. oben IV 3.
[219] Immerhin entnimmt der Sexualkunde-Beschluß v. 21.12.1977, BVerfGE 47, 46 (72), dem — von Art. 7 I GG vorausgesetzten — Erziehungsauftrag des Staates, daß „das einzelne Kind zu einem selbstverantwortlichen Mitglied der Gesellschaft heranzubilden" sei.
[220] Vgl. zuletzt BVerfG, B. v. 17.1.1979, BVerfGE 50, 166 (175).
[221] B. v. 14.3.1972, BVerfGE 33, 1 (10 f).
[222] U. v. 20.7.1954, BVerfGE 4, 7 (16); U. v. 21.6.1977, BVerfGE 45, 187 (227 f.).

V. Die vorhandenen Rechtsgrundlagen der Zeugnisreform

laufen[223]. Fraglich ist es dagegen, ob Erziehungsziele ohne weiteres verfassungsrechtlich unbedenklich sind, wenn sie den Schulen die Formung von Persönlichkeiten aufgeben, die jenem Menschenbild entsprechen[224]. Einer Erörterung dieses Problems bedürfte es jedoch nur, falls Rechtsvorschriften vorhanden wären, die derartige Ziele proklamierten.

Die erziehungsprogrammatische Enthaltsamkeit des Grundgesetzes ist nicht verwunderlich, da Art. 7 I GG nicht einmal ausdrücklich die Erziehungskompetenz nennt, sondern diese ihm erst im Wege der Auslegung abgewonnen werden muß. Art. 7 I ist vielmehr eine offene Norm, die allein dem Grunde nach die staatliche Erziehungshoheit billigt, alle Einzelheiten aber anderen Trägern öffentlicher Gewalt zuweist. Das Grundgesetz ist somit nicht dem Vorbild der Weimarer Reichsverfassung gefolgt, nach deren Art. 148 I in allen Schulen „sittliche Bildung, staatsbürgerliche Gesinnung, persönliche und berufliche Tüchtigkeit im Geiste des deutschen Volkstums und der Völkerversöhnung zu erstreben" waren. Da die Länder im Bereich des Schulwesens nahezu ausschließlich zuständig sind, unterliegt es ihrer Kompetenz, die grundsätzliche Erlaubnis zu konkretisieren. Im vorliegenden Fall könnte der staatliche Erziehungsanspruch durch die Rechtsordnung des Landes Nordrhein-Westfalen eine Ausformung erfahren haben[225].

2. Wie die meisten Landesverfassungen[226] widmet sich auch die *Verfassung des Landes Nordrhein-Westfalen* ausführlich dem Themenkreis der Erziehung. Art. 7 NW Verf.[227] enthält zahlreiche Erziehungsziele, von denen drei (Ehrfurcht vor Gott, Achtung vor der Würde des Menschen, Bereitschaft zum sozialen Handeln) als „vornehmstes Ziel der Erziehung" bezeichnet werden und damit offenbar im Range den übrigen Zielen, wie zum Beispiel der „Liebe zu Volk und Heimat", vorangestellt werden. Daß auch eine Landesverfassung einen Gesetzesvorbehalt auszufüllen ver-

---

[223] *Evers*, Hans-Ulrich: Verfassungsrechtliche Determinanten der inhaltlichen Gestaltung der Schule, in: Essener Gespräche zum Thema Staat und Kirche. Hrsg. v. J. Krautscheidt u. H. Marré, Bd. 12, Münster, 1977, S. 104 (117), zählt das „Menschenbild" zu den „Schranken und Bewertungskriterien für die inhaltliche Gestaltung der Schule", die Ziele und Maßnahmen legitimieren, aber auch verfassungswidrig werden lassen können.

[224] *Evers* ebd. scheint diese Frage zu bejahen.

[225] Das Bundesverfassungsgericht hatte demgegenüber im Sexualkunde-Beschluß v. 21.12.1977, BVerfGE 47, 46, wenig Mühe mit den in Betracht kommenden landesrechtlichen Normen, weil das hamburgische Schulrecht in dem für die Beurteilung maßgeblichen Zeitpunkt keine Regelungen enthielt, die sich mit Erziehungszielen befaßten (ebd. S. 81).

[226] Vgl. die Tabellen der „Erziehungsziele" und der „Bestimmungen über Unterrichts- und Erziehungsverhalten des Lehrers/sonstige Gestaltungsgebote/Lehrfächer" bei *Evers*, Determinanten (Fn. 223), S. 131, 132 (wieder abgedruckt bei *Evers*, Hans-Ulrich: Die Befugnis des Staates zur Festlegung von Erziehungszielen in der pluralistischen Gesellschaft, Berlin, 1979, S. 37, 38).

[227] Der Text ist oben I 2 b wiedergegeben.

mag, ist nicht zweifelhaft, fraglich ist jedoch, ob Art. 7 NW Verf. eine Rechtsgrundlage darstellt, die dem Eingriffsvorbehalt oder dem Wesentlichkeitsvorbehalt genügt.

Art. 7 I NW Verf. nennt mit der „Bereitschaft zum sozialen Handeln" ein Erziehungsziel, das als Legitimation für die Maßnahmen des nordrhein-westfälischen Kultusministers dienen könnte. Die mit der Zeugnisreform verknüpfte, in ihr enthaltene und durch sie dokumentierte Erziehungsreform ist darauf gerichtet, das soziale Verhalten der Schulkinder zu beeinflussen[228]. Somit ist es auch das Ziel jener Reform, „Bereitschaft zum sozialen Handeln zu wecken". Allerdings ist mit dieser Erkenntnis nicht viel gewonnen, weil jede Erziehung, sofern sie sich nicht ausschließlich mit dem forum internum[229] befaßt, den Schüler als Glied der Gemeinschaft ergreift und ihm Verhaltensweisen gegenüber seiner Umwelt empfiehlt. Soll die Sozialklausel des Art. 7 I NW Verf. nicht ein Blankett für jedwedes Erziehungsprogramm sein, muß ihr ein engerer Sinn beigelegt werden. Eine solche Forderung nach einer restriktiven Interpretation ist aber leichter aufzustellen als zu erfüllen. So wäre es denkbar, das von der Landesverfassung erstrebte „soziale Handeln" als Fürsorglichkeit oder Mildtätigkeit zu begreifen, die dem bedürftigen Mitmenschen die Hilfe nicht verweigert. Aber auch als Gebot gegenseitiger Rücksichtnahme könnte die Formel verstanden werden; unklar wäre allerdings dann, wie sich die von der Zeugnisreform favorisierte sozial offensive Persönlichkeit rechtfertigen ließe. Nicht ausgeschlossen erscheint es ferner, daß die soziale Handlungsbereitschaft mit dem Willen zu sozialer Gerechtigkeit identisch ist, wie ihn die Bremische Verfassung in Art. 26 Nr. 1 für erstrebenswert hält; wäre diese Deutung des Art. 7 I NW Verf. zutreffend, müßten sich die Schulkinder zu Persönlichkeiten heranbilden lassen, die in ihrer Lebensgestaltung dem Sozialstaatsprinzip verpflichtet wären. Zu bedenken bliebe noch, ob sich die in zwei Landesverfassungen[230] als Erziehungsziele enthaltene „soziale Bewährung" einstellen sollte, wenn in einem nordrhein-westfälischen Edukanden die Bereitschaft zum sozialen Handeln geweckt worden ist.

Die soeben aufgeworfenen Fragen zeigen, daß Art. 7 I NW Verf. für den Bereich der sozialen Erziehung kein ohne weiteres anwendbares Erziehungsprogramm bereithält. Er ist vielmehr mit unterschiedlichen Menschenbildern vereinbar. Nötig ist daher eine Konkretisierung des verfassungsrechtlichen Erziehungsziels. Entsprechend dem Gebot des Gesetzesvorbehalts kann diese Aufgabe allein dem Gesetzgeber obliegen.

---

[228] Vgl. oben A V.

[229] Zum forum internum mag man die in Art. 7 I NW Verf. zum Erziehungsziel erklärte „Ehrfurcht vor Gott" rechnen. — Zur „Einführung christlicher Bezüge bei der Gestaltung der öffentlichen Schulen" vgl. BVerfG, B. v. 16.10.1979, NJW 1980, 575.

[230] Art. 12 I Bad.-Württ. Verf.; Art. 30 Saarld. Verf.

V. Die vorhandenen Rechtsgrundlagen der Zeugnisreform

Das gleiche gilt, wenn Art. 7 II NW Verf. als Rechtsgrundlage der Reform herangezogen werden sollte. Zwar wird auch eine Erziehung „im Geiste der Menschlichkeit, der Demokratie und der Freiheit, zur Duldsamkeit und zur Achtung vor der Überzeugung des anderen" zur Beeinflussung des Sozialverhaltens führen, doch sind die derart umschriebenen Erziehungsziele oder -verfahren von uferloser Weite. Sie können daher gleichfalls nicht ohne normative Präzisierung als Basis schulischer Arbeit dienen.

Die Notwendigkeit, den Gesetzgeber die Entscheidung über ein bestimmtes Erziehungsprogramm treffen zu lassen, wird dadurch verstärkt, daß nicht nur ein einziges verfassungsrechtliches Erziehungsziel, wie das der Bereitschaft zum sozialen Handeln, zu konkretisieren ist. Auch die übrigen Erziehungsziele müssen durch normative Bemühungen des Gesetzgebers entfaltet werden, da sie wegen ihrer Abstraktheit nicht unmittelbar als Grundlage schulischer Erziehungsarbeit zu dienen vermögen. Ferner ist nur der Gesetzgeber in der Lage, mögliche Zielkonflikte zu verhindern. Zwar schreibt Art. 7 I NW Verf. insofern eine gewisse Rangordnung der Erziehungsziele vor, als „vornehmstes Ziel der Erziehung" sein soll, „Ehrfurcht vor Gott, Achtung vor der Würde des Menschen und Bereitschaft zum sozialen Handeln zu wecken". Aber damit ist weder das Verhältnis der drei zitierten Erziehungsziele geklärt, noch stellt die Verfassung eine praktikable Direktive dafür auf, wie der Vorrang des vornehmsten Erziehungsziels gegenüber den Erziehungszielen des Art. 7 II NW Verf. zu gewährleisten sei.

Schließlich erfordert auch das den Eltern in Art. 8 I 2 NW Verf. zuerkannte Erziehungsrecht eine gesetzgeberische Intervention. Nach dieser Vorschrift bildet das „natürliche Recht der Eltern, die Erziehung und Bildung ihrer Kinder zu bestimmen, ... die Grundlage des Erziehungs- und Schulwesens". Anders als Art. 6 II 1 GG sieht die landesverfassungsrechtliche Parallelvorschrift des Art. 8 I 2 NW Verf. nicht davon ab, die Konkurrenz elterlicher und staatlicher Erziehungsgewalt beim Namen zu nennen[231]. Dadurch, daß das elterliche Erziehungsrecht zur „Grundlage" auch des staatlichen Schulwesens erklärt wird, erlangt das Elternrecht die Priorität, mindestens aber den Gleichrang gegenüber der Erziehungskompetenz des Staates[232]. Wie das Verhältnis staatlicher und privater Erziehungsgewalt im einzelnen beschaffen sein soll, läßt sich der Verfassung nicht ohne weiteres entnehmen. Der Gesetzgeber ist daher

---

[231] Vgl. *Geller / Kleinrahm*, Kurt / *Fleck*, Hans-Joachim: Die Verfassung des Landes Nordrhein-Westfalen, Göttingen, 2. Aufl., 1963, Art. 8 Anm. 3 b (S. 75).

[232] Zum Verhältnis des Elternrechts zum staatlichen Erziehungsanspruch vgl. *Geller / Kleinrahm / Fleck*, NW Verf. (Fn. 231), Art. 8 Anm. 3 a (S. 73 f.), wonach der elterlichen Erziehungspflicht der „Vorrang ... vor der Erziehungsaufgabe anderer Rechtsträger" zukomme und die „Erziehungsfunktion des Staates ... in erster Linie eine Hilfestellung für die Eltern" sei.

B. Die verfassungsrechtliche Bewertung der Zeugnisreform

aufgerufen, auf der „Grundlage" des elterlichen Erziehungsrechts die staatlichen Erziehungsbefugnisse festzulegen. Ohne eine solche Mitwirkung des Parlaments können die beiden Kompetenzkreise nicht in ein harmonisches Verhältnis gebracht werden. Eine Bestätigung dieser These findet sich im Sexualkunde-Beschluß des Bundesverfassungsgerichts[233]: Das Gericht hat die Grundrechtsrelevanz und damit das Eingreifen des „Wesentlichkeitsvorbehalts"[234] unter anderem damit begründet, daß die „Grenzen zwischen dem staatlichen Erziehungsauftrag (Art. 7 Abs. 1 GG) und dem Elternrecht (Art. 6 Abs. 2 GG) sowie den Persönlichkeitsrechten des Kindes (Art. 2 Abs. 1 GG) ... oft flüssig und nur schwer auszumachen" seien. Die gleiche Erwägung trifft im vorliegenden Fall zu. Da die Landesverfassung davon absieht, das Verhältnis der Grundlage, nämlich des elterlichen Erziehungsrechts, zum Überbau des staatlichen Erziehungsrechts näher zu bestimmen, bedarf der zwischen beiden Erziehungsinstanzen bestehende Konflikt des gesetzgeberischen Ausgleichs.

Das Ergebnis der vorstehenden Überlegungen ist somit, daß Art. 7 NW Verf. keine dem Prinzip des Gesetzesvorbehalts genügende förmliche Gesetzesgrundlage darstellt. Diese Vorschrift bildet lediglich — gemeinsam mit Art. 8 I 2 NW Verf. — den normativen Rahmen, der vom Gesetzgeber auszufüllen ist. Daß die Verfassung einen Spielraum gewährt, innerhalb dessen unterschiedliche Formen der Erziehung möglich sind, hat der nordrhein-westfälische Kultusminister selbst, wenngleich nur konkludent anerkannt; andernfalls hätte er sich nicht für eine emanzipatorische Erziehung, also eine Spielart moderner Erziehung, entscheiden können[235].

Die hier vertretene Ansicht steht auch nicht im Widerspruch zu der im Sexualkunde-Beschluß vertretenen Forderung des Bundesverfassungsgerichts[236], wonach wegen des „Wesentlichkeitsvorbehalts"[237] dem Gesetzgeber „die Festlegung der Erziehungsziele in den Grundzügen (,Groblernziele')" obliege, nicht aber die Bestimmung der „Feinlernziele". Zwar mag man die in Art. 7 NW Verf. genannten abstrakten Erziehungsziele als „Groblernziele" bezeichnen, wenngleich das Bundesverfassungsgericht schon den „Groblernzielen" ein gewisses Maß an Präzision zuschreibt, indem es ihre Normierung „in den Grundzügen" gebietet und „eine parlamentarische Leitentscheidung mit hinreichender Bestimmtheit" verlangt[237a]. Jedoch kann diese Frage auf sich beruhen, da jedenfalls der in

---

[233] B. v. 21.12.1977, BVerfGE 47, 46 (80). — Vgl. schon oben S. 43.
[234] Vgl. oben III.
[235] Vgl. oben S. 18 f.
[236] B. v. 21.12.1977, BVerfGE 47, 46 (83).
[237] Vgl. oben III.
[237a] Nach *Oppermann*, JZ 1978, 289 (292), handelt es sich bei den „Groblernzielen" um „eine Zwischenstufe auf einfachgesetzlicher Ebene zwischen den

V. Die vorhandenen Rechtsgrundlagen der Zeugnisreform 53

der nordrhein-westfälischen Zeugnisreform zum Ausdruck gelangende Sozialerziehungsanspruch aus keinem der verfassungsrechtlichen Erziehungsziele zwingend abzuleiten ist. Überdies ist die Sozialklausel des Art. 7 I NW Verf. mit den unterschiedlichsten Erziehungsmodellen und Persönlichkeitsformen vereinbar und stellt daher keine grundrißartige Beschreibung eines lediglich noch durch „Feinlernziele" zu präzisierenden „Groblernzieles" dar. Vielmehr wird die Entscheidung für ein bestimmtes Erziehungsprogramm und die Verwerfung anderer Erziehungsmodelle erst durch den Gesetzgeber herbeigeführt.

Noch aus einem weiteren Grunde genügt Art. 7 NW Verf. nicht den Anforderungen, die der „Wesentlichkeitsvorbehalt" an den Inhalt förmlicher Gesetze richtet. Im Sexualkunde-Beschluß hat das Bundesverfassungsgericht[238] außer der Fixierung der „Groblernziele" dem Vorbehalt des Gesetzes zusätzlich folgende Materien unterstellt: „die Frage, ob Sexualerziehung als fächerübergreifendes Unterrichtsprinzip oder als besonderes Unterrichtsfach mit etwaigen Wahl- oder Befreiungsmöglichkeiten durchgeführt werden soll, das Gebot der Zurückhaltung und Toleranz sowie der Offenheit für die vielfachen im sexuellen Bereich möglichen Wertungen und das Verbot der Indoktrinierung der Schüler, ferner die Pflicht, die Eltern zu informieren". Da die Sozialerziehung für Kinder und Eltern von ähnlichem Gewicht wie die Sexualerziehung ist[239], müssen entsprechende Direktiven auch dann maßgeblich sein, wenn der Staat seinen Erziehungsauftrag auf den Bereich des Sozialverhaltens auszudehnen sucht. Art. 7 NW Verf. kann als eine auf das Grundsätzliche beschränkte Verfassungsnorm einem solchen Gesetzgebungsauftrag verständlicherweise nicht genügen, so daß die Prüfung erforderlich wird, ob das einfache Gesetzesrecht — allein oder in Verbindung mit der Verfassung — ein tragfähiges Fundament für die Zeugnisreform bereithält.

3. Das *nordrhein-westfälische Schulrecht* enthält mehrere einschlägige Regelungen.

a) Wie alle anderen Bundesländer[240] hat auch Nordrhein-Westfalen das Thema der Erziehungsziele aufgegriffen und behandelt, und zwar in seinem Ersten *Gesetz zur Ordnung des Schulwesens* vom 8. April 1952[241]. Nach einer Beschreibung der Schulen als „Stätten der Erziehung und des Unterrichts"[242] (§ 1 I) faßt es in einem zweiten Absatz die Grundsätze

---

allgemeinen Erziehungspostulaten in den Landesverfassungen und z.T. auch in den allgemeinen Schulgesetzen einerseits und den Einzelheiten der Bildungsinhalte andererseits".
[238] B. v. 21.12.1977, BVerfGE 47, 46 (83).
[239] Vgl. schon oben S. 44.
[240] Vgl. die Tabellen der Erziehungsziele bei *Evers*, Erziehungsziele (Fn. 226), S. 40—48.
[241] Vgl. den Text des § 1 NW SchOG oben I 2 a.

des Art. 7 NW Verf. zusammen, ohne deren Wortlaut zu verändern. In § 1 III NW SchOG werden weitere Ziele gesetzt: die sittliche, geistige und körperliche Bildung, und zwar auf der Grundlage des abendländischen Kulturgutes und deutschen Bildungserbes in lebendiger Beziehung zu der wirtschaftlichen und sozialen Wirklichkeit; das für Leben und Arbeit erforderliche Wissen und Können. Gemäß § 4 NW SchOG sind die im Ersten Abschnitt („Aufgabe und Gestaltung des Schulwesens") des Gesetzes ausgesprochenen Grundsätze — also auch diejenigen des § 1 NW SchOG — „durch die weitere Schulgesetzgebung auszuführen". Dieser Gesetzgebungsauftrag zeigt, daß die Prinzipien des Schulordnungsgesetzes als weiterer Konkretisierung bedürftig erachtet wurden.

Das Schulordnungsgesetz hat sich somit einer bequemen, aber problematischen Gesetzgebungstechnik bedient. Im Stile einer Verfassung werden Erziehungs- und Unterrichtsziele von hoher Abstraktion proklamiert. Einige der Erziehungsziele wurden aus der Landesverfassung rezipiert, weitere von ähnlicher Beschaffenheit sind hinzugetreten. Jedoch ist nicht der Versuch unternommen worden, die Erziehungsziele des Art. 7 NW Verf. zu präzisieren und sie dadurch für die Schulpraxis geeigneter zu machen; der nordrhein-westfälische Gesetzgeber hat es vielmehr insoweit mit einer Wiederholung des Verfassungstextes bewenden lassen. Dem Erfordernis des Gesetzesvorbehalts ist er damit indes nicht gerecht geworden. Alle Bedenken, die gegen Art. 7 NW Verf. als Grundlage der Zeugnisreform geltend gemacht wurden[243], sprechen in gleicher Weise dagegen, die Reform auf § 1 II NW SchOG zu stützen. Auch diese Vorschrift ist ein ungeeignetes Fundament für die Maßnahmen des Kultusministers.

Entsprechendes gilt für die ausschließlich auf dem Willen des einfachen Gesetzgebers beruhende Vorschrift des § 1 III NW SchOG. Die darin genannten Erziehungsziele sind gleichfalls sehr vage und werden daher nicht den Anforderungen gerecht, die das Bundesverfassungsgericht[244] an die normative Ausstattung von „Groblernzielen" richtet. Überdies ist nicht erkennbar, inwiefern die in § 1 III NW SchOG genannten Ziele eine spezifische Beziehung zum Bereich der Sozialerziehung aufweisen. Es handelt sich vielmehr auch insofern um Blankettklauseln, die nahezu jedem Erziehungsprogramm zugrundegelegt werden könnten.

Allerdings hat das OVG Berlin[245] eine dem § 1 NW SchOG vergleichbare Vorschrift des Berliner Landesrechts, § 1 des Schulgesetzes für

---

[242] § 3 I NW SchOG spricht bestätigend von der „Bildungs- und *Erziehungsarbeit* der Schule".
[243] Vgl. oben V 2.
[244] Vgl. oben S. 52, 53.
[245] U. v. 7.12.1972, DVBl. 1973, 273 (276).

V. Die vorhandenen Rechtsgrundlagen der Zeugnisreform

Berlin[246], als ausreichende Rechtsgrundlage für sexualkundliche Erörterungen angesehen. Seine Entscheidung ist aber zu Recht kritisiert worden, weil es „allgemeine Programmsätze" als parlamentarische Legitimation genügen lasse[247]. Seitdem der Sexualkunde-Beschluß des Bundesverfassungsgerichts[248] die Anforderungen an die Bestimmtheit gesetzlicher Ermächtigungen verschärft hat, ist für die großzügige Judikatur des OVG Berlin kein Raum mehr. Denn Formeln wie die in § 1 Bln. SchulG verwandten sind keine „Groblernziele", sondern zählen zu den „allgemeinen Erziehungspostulaten", wie sie sich typischerweise in Landesverfassungen finden[249].

b) Andere Normen des *nordrhein-westfälischen* Schulrechts, in denen präzisere Erziehungsziele enthalten wären, sind nicht vorhanden. Insbesondere waren dem *Schulverwaltungsgesetz* (SchVG) in der zur Zeit der Reform maßgeblichen Fassung vom 29. April 1975 (GV S. 398)[250] — NW SchVG — keine näheren Angaben über die von der Schule zu verfolgenden Ziele zu entnehmen. Erst das Gesetz zur Änderung des Schulverwaltungsgesetzes, des Schulpflichtgesetzes und des Weiterbildungsgesetzes vom 5. Juli 1977 (GV S. 284) bewirkte einen bescheidenen Wandel, indem es dem § 26 NW SchVG eine neue Fassung gab. Seitdem ermächtigt § 26 I 1 NW SchVG den Kultusminister zum Erlaß einer Allgemeinen Schulordnung in der Form einer Rechtsverordnung. Gemäß § 26 II NW SchVG bestimmen sich Inhalt und Umfang der Allgemeinen Schulordnung unter anderem „nach dem in der Landesverfassung und

---

[246] § 1 Bln. SchulG — in der Fassung vom 13.9.1966 (GVBl. S. 1485) — lautete: „Aufgabe der Schule ist es, alle wertvollen Anlagen der Kinder und Jugendlichen zur vollen Entfaltung zu bringen und ihnen ein Höchstmaß an Urteilskraft, gründliches Wissen und Können zu vermitteln. Ziel muß die Heranbildung von Persönlichkeiten sein, welche fähig sind, die vollständige Umgestaltung der deutschen Lebensweise auf demokratischer und friedlicher Grundlage zustande zu bringen, und welche der nazistischen Ideologie unerbittlich entgegenstehen sowie auch von dem Gefühl ihrer Verpflichtung der Menschheit gegenüber durchdrungen sind. Diese Persönlichkeiten müssen sich der Verantwortung gegenüber der Allgemeinheit bewußt sein, und ihre Wirksamkeit muß bestimmt werden von der Anerkennung einer grundsätzlichen Gleichberechtigung aller Menschen, von der Achtung vor jeder ehrlichen Überzeugung und von der Anerkennung der Notwendigkeit einer fortschrittlichen Gestaltung der gesellschaftlichen Verhältnisse sowie einer friedlichen Verständigung der Völker. Dabei sollen die Antike, das Christentum und die für die Entwicklung zum Humanismus, zur Freiheit und zur Demokratie wesentlichen gesellschaftlichen Bewegungen, d.h. das ganze kulturelle Erbgut der Menschheit, einschließlich des deutschen Erbgutes, ihren Platz finden." — Durch das 14. Gesetz zur Änderung des Schulgesetzes für Berlin v. 5.12.1978 (GVBl. S. 2272) wurde § 1 geringfügig modernisiert. Das Schulgesetz für Berlin gilt jetzt in der Fassung v. 17.1.1979 (GVBl. S. 161).

[247] Vgl. *Niehues*, Schulrecht (Fn. 176), Rdnr. 290—293.

[248] B. v. 21.12.1977, BVerfGE 47, 46 (83). — Vgl. schon oben S. 52 f.

[249] Vgl. *Oppermann*, JZ 1978, 289 (292).

[250] Dieses Gesetz gilt nunmehr in der Fassung vom 16.8.1978 (GV S. 516).

den Schulgesetzen festgelegten Bildungs- und Erziehungsauftrag der Schule". Das Schulverwaltungsgesetz begnügt sich also mit einer Verweisung auf die anderenorts gesetzten Erziehungsziele und macht ihre Beachtung dem Verordnungsgeber zur Pflicht.

c) *Weder* die *Verfassung noch* das *Schulrecht* des Landes Nordrhein-Westfalen stellen *Rechtsgrundlagen* für die Zeugnisreform bereit, wie sie vom Prinzip des Gesetzesvorbehalts gefordert werden. Der Kultusminister hat sogar davon abgesehen, seine Reform im Wege einer Rechtsverordnung zu betreiben, sondern sie durch Verwaltungsvorschriften eingeführt[250a]. Wenngleich auch eine Rechtsverordnung nicht ausgereicht hätte, neue Erziehungsziele einzuführen, so zeigt doch das gewählte Verfahren, in welchem Maße sich die Exekutive als Träger der staatlichen Erziehungshoheit versteht.

4. Die *Zeugnisreform* ist daher insoweit *verfassungswidrig*, als sie sich mit der Lenkung kindlichen Sozialverhaltens befaßt. Der im Vorstehenden geschilderte Rechtsfehler der ministeriellen Maßnahmen beruht nicht auf dem Inhalt der Reform, sondern einzig und allein darauf, daß im Gewande einer Zeugnisreform ein staatlicher Erziehungsanspruch geltend gemacht wurde, ohne daß für ihn eine ausreichende Rechtsgrundlage vorhanden war. Ob die Zeugnisreform insgesamt nur durch ein Gesetz eingeführt werden konnte, wie *Erichsen*[251] und *Ossenbühl*[252] meinen, liegt außerhalb des Themas dieses Gutachtens. Es enthält sich daher einer Antwort auf die Frage, wie es generell mit der Verbindlichkeit des Gesetzesvorbehalts für das Zeugniswesen steht, und begnügt sich mit der Feststellung, daß jedenfalls für eine Zeugnisreform, die der Sache nach eine Erziehungsreform ist, strengere Anforderungen gelten.

VI. Probleme der Unbeachtlichkeit und der Korrektur des Verfassungsverstoßes

Die durch die Zeugnisreform bewirkte Kollision mit dem Prinzip des Gesetzesvorbehalts ist nicht aus übergeordneten Erwägungen hinzunehmen (vgl. unten 1); auch eine Heilung ist nicht eingetreten (vgl. unten 2). Jedoch ist zu bedenken, wie der verfassungswidrige Zustand durch eine nachträgliche Tätigkeit des Gesetzgebers zu beheben sei (vgl. unten 3).

1. Der *Verfassungsverstoß* des nordrhein-westfälischen Kultusministers wird nicht dadurch ausgeschlossen, daß das Fehlen einer ver-

---

[250a] Vgl. hierzu *Eiselt*, Gerhart: Richtlinien für Unterricht und Erziehung im Schulwesen als administrativ gesetzes Recht, DÖV 1980, 409.
[251] Rechtsgutachten (Fn. 46), S. 104, 111 f.
[252] Grundfragen (Fn. 1), S. 58—61.

VI. Unbeachtlichkeit und Korrektur des Verfassungsverstoßes

fassungsrechtlichen oder einfachgesetzlichen Grundlage für eine *Übergangszeit hinzunehmen* sei, damit die Funktionsfähigkeit der Schule gewahrt werde[253]. Als die Zeugnisreform in den Jahren 1976 und 1977 betrieben wurde, waren die ersten Entscheidungen des Bundesverfassungsgerichts schon bekannt, durch die der Gesetzesvorbehalt auf grundrechtsrelevante Maßnahmen innerhalb besonderer Gewaltverhältnisse erstreckt worden war[254]. Zudem handelt es sich bei den Maßnahmen des Kultusministers nicht um die Aufrechterhaltung einer überlieferten Praxis, deren Umstellung auf eine neue Rechtslage zu erheblichen Schwierigkeiten im Schulleben geführt hätte. Die Zeugnisreform war vielmehr, soweit sie sich mit der Lenkung des Sozialverhaltens befaßte, ein Bruch mit der bisherigen Schultradition, die sich jedenfalls nicht so unumwunden wie die Erlasse zur staatlichen Hoheit über die kindliche Persönlichkeit bekannt hatte. Das Aufschieben einer verfassungsrechtlich zweifelhaften Schulreform bis zur Klärung der Rechtsfragen und zur Schaffung ausreichender Rechtsgrundlagen wäre daher praktikabel und zumutbar gewesen[255].

2. Fraglich ist, ob der *Verfassungsverstoß* inzwischen *geheilt* worden ist. Bis heute hat das Land Nordrhein-Westfalen noch nicht für ein rechtsstaatlich unbedenkliches Instrumentarium gesorgt, mit dessen Hilfe sich die Schulen der Sozialerziehung widmen könnten. Es hat lediglich in einer — auf § 26 b NW SchVG[256] gestützten — Verordnung über den Bildungsgang in der Grundschule (Ausbildungsordnung gemäß § 26 b SchVG — AO — GS) vom 30. Mai 1979 (GV S. 465) die Zeugnisreform für die beiden ersten Grundschulklassen auf eine andere normative Basis gestellt. § 10 II dieser Verordnung lautet: „Die Zeugnisse der Klassen 1 und 2 enthalten Aussagen über die Lernentwicklung im Arbeits- und Sozialverhalten sowie in den Lernbereichen/Fächern. Die Zeugnisse der Klasse 3 enthalten darüber hinaus Noten." Damit ist die Zeugnisreform nachträglich gebilligt worden[257]. Allerdings ist dem § 10

---

[253] Vgl. hierzu schon *Erichsen*, Rechtsgutachten (Fn. 46), S. 117—125, 129; *Ossenbühl*, Grundfragen (Fn. 1), S. 61 f.

[254] Vgl. die Nachweise oben Fn. 149. — In seinem B. v.27.1.1976, BVerfGE 41, 251 (259), konnte das Bundesverfassungsgericht überdies auf mehrere verwaltungsgerichtliche Entscheidungen — darunter den Sexualkunde-Beschluß des Bundesverwaltungsgerichts v. 15.11.1974, BVerwGE 47, 194 (= NJW 1975, 1180) — verweisen, in denen „zunehmend gesetzliche Regelungen für wesentliche Maßnahmen auf dem Gebiet des Schulwesens" gefordert worden seien.

[255] Ähnliche Erwägungen schon bei BVerwG, B. v. 15.1.1974, BVerwGE 47, 194 (200 f.); Hess. VGH, B. v. 18.8.1976, 1856 (1858); *Niehues*, Schulrecht (Fn. 176), Rdnr. 302; vgl. zum Problem der „Aufrechterhaltung der Rechtssicherheit und Funktionsfähigkeit der Schule für eine Übergangszeit" auch BVerwG, U. v. 14.7.1978, BVerwGE 56, 155 (161 f.).

[256] Vgl. oben V 3 b.

[257] Die Rechtsgültigkeit der in § 10 II der Ausbildungsordnung enthaltenen Zeugnisregelung ist indes nicht zweifelsfrei. Denn gemäß § 26 III Nr. 2 NW

der Ausbildungsordnung keine Rückwirkung beigelegt worden, denn die gesamte Verordnung ist nach ihrem § 15 erst am 1. August 1979 in Kraft getreten. Jedenfalls bis zu diesem Zeitpunkt entbehrte die Zeugnisreform einer Rechtsgrundlage, so daß sich allenfalls die Frage erheben kann, ob für die anschließende Zeit eine Heilung eingetreten ist.

Eine Vorschrift wie § 10 der Ausbildungsordnung ist indes ihrem Inhalt nach gar nicht in der Lage, eine so weitreichende Maßnahme wie die Zeugnisreform des Kultusministers zu rechtfertigen. Es sei dahingestellt, ob die Regelung der Zeugniserteilung im Wege des Verordnungserlasses zulässig ist[258]. Eine Zeugnisreform, die zugleich eine Erziehungsreform ist, kann der Mitwirkung des förmlichen Gesetzgebers jedenfalls nicht entraten. Er muß die „Leitentscheidung" fällen[259], deren anschließende Konkretisierung er dem Verordnungsgeber überlassen mag. Eine solche „Leitentscheidung" ist aber, soweit es sich um die erzieherische Beeinflussung des Sozialverhaltens handelt, weder im Schulrecht des Landes Nordrhein-Westfalen noch in dessen Verfassung enthalten.

3. Abschließend soll dargelegt werden, wie der *Verfassungsverstoß korrigiert* werden kann. Sollte sich der nordrhein-westfälische Gesetzgeber noch nachträglich zu einer rechtsstaatlichen Remedur entschließen, so könnte er zwar das Debakel seiner Zeugnisreform nicht mehr vom Vorwurf der Verfassungswidrigkeit befreien, wohl aber für die Zukunft

---

SchVG sollen die „Grundsätze für die Leistungsbewertung und *Zeugniserteilung*, unter Angabe des Noten- und Punktsystems," in einer als Rechtsverordnung zu erlassenden Allgemeinen Schulordnung enthalten sein (vgl. schon oben V 3 b). Die auf Grund des § 26 I 1 NW SchVG vom Kultusminister erlassene Allgemeine Schulordnung (ASchO) v. 8.11.1978 (GV S. 552) enthält zwar in § 26 eine Zeugnisregelung, die aber nur „nach Maßgabe der Ausbildungs- und Prüfungsordnung" Anwendung findet (Abs. 1 S. 1). In § 25 III ASchO hat sich der Kultusminister überdies eine Selbstermächtigung erteilt, wonach er in der gleichfalls von ihm zu erlassenden „Ausbildungs- und Prüfungsordnung für die Klassen 1 und 2 der Grundschule ... anstelle der Noten schriftliche Aussagen über die Leistungsbewertung vorsehen" darf. Da jedoch § 10 II der Ausbildungsordnung eine Zeugnisregelung für die Klassen 1 und 2 vornimmt, ohne daß die Ermächtigungsvorschrift des § 26 b I 3 NW SchVG eine ausdrückliche Erlaubnis dazu erteilt hätte, stellt sich die Frage, ob der Verordnungsgeber nicht einen rechtlichen Fehlgriff getan hat. Auch wenn man § 26 b I 3 NW SchVG als geeignete rechtliche Basis für das Zeugniswesen und somit nicht als durch § 26 III Nr. 2 NW SchVG verdrängt ansieht, spricht manches dafür, daß in jedem Fall ein „Noten- und Punktsystem" vorhanden sein muß, Zeugnisse ohne Noten also ausgeschlossen sind; denn andernfalls würde durch einen Austausch der Ermächtigungsgrundlagen die einschränkende Klausel des § 26 III Nr. 2 NW SchVG umgangen werden können. — Vgl. zur Auslegung des § 26 III Nr. 2 NW SchVG schon *Ossenbühl*, Grundfragen (Fn. 1), S. 62—65, sowie zur Gültigkeit der Allgemeinen Schulordnung *Roewer*, Helmut / *Hoischen*, Ferdinand: Entspricht die Allgemeine Schulordnung von Nordrhein-Westfalen dem verfassungsrechtlichen Demokratie- und Rechtsstaatsgebot?, DVBl. 1979, 900.

[258] Verneinend die oben in Fn. 251 u. 252 Zitierten.
[259] Vgl. oben S. 52.

VI. Unbeachtlichkeit und Korrektur des Verfassungsverstoßes

eine bedenkenfreie Regelung schaffen. Eine Voraussetzung dafür ist, daß die mit der Zeugnisreform verfolgten Erziehungsziele beim Namen genannt und — wie dies das Bundesverfassungsgericht[260] verlangt — im Gesetz beschrieben würden. Das Gesetz, das die Lenkung des Sozialverhaltens zum schulischen Erziehungsziel erklärt, dürfte nicht von gleicher Schweigsamkeit sein wie der nordrhein-westfälische Kultusminister. Zwar läßt sich den im Zeugnismuster[261] genannten Verhaltensweisen entnehmen, daß bestimmte Attituden gegenüber anderen den Vorrang verdienen sollen; welches Persönlichkeitsbild dem Urheber der Reform vorschwebte, wurde jedoch nicht deutlich ausgesprochen. Demgegenüber müßte der Gesetzgeber die von ihm erstrebte Persönlichkeit mit einem Profil ausstatten, damit erkennbar werde, wessen die Bürger sich zu versehen haben.

Die Befugnis des Gesetzgebers, die in der Landesverfassung enthaltenen Erziehungsziele nicht nur zu präzisieren, sondern auch um weitere Erziehungsziele zu ergänzen, dürfte zu bejahen sein. Unproblematisch ist eine solche Ergänzungskompetenz des einfachen Gesetzgebers allerdings nicht. Denn die Festlegung neuer Erziehungsziele in einfachen Gesetzen birgt die Gefahr in sich, daß Kollisionen mit den verfassungsrechtlichen Erziehungszielen eintreten. Wenn auch bei einem Widerspruch das ranghöhere Verfassungsrecht den Vorrang genießt, so kann doch wegen der üblichen Abstraktion der Erziehungsziele die Normenkollision einstweilen verborgen bleiben. Aber auch der Gesetzgeber, der bei der Proklamierung einfachgesetzlicher Erziehungsziele einen Verfassungsverstoß vermeidet, kann nicht sicher sein, daß die verfassungsrechtliche Regelung unberührt bleibt. Es wird im Gegenteil eher wahrscheinlich sein, daß zusätzliche Erziehungsziele Rückwirkungen auf die Erziehungsziele der Verfassung äußern werden. Man stelle sich nur vor, daß der Gesetzgeber die emanzipatorische Erziehung als verbindlich vorschriebe (wie dies den Urhebern der Zeugnisreform möglicherweise vorschwebte[262]), um zu erkennen, daß damit — zumindest mittelbar — der Geltungsbereich des Art. 7 NW Verf. berührt würde. Nicht anders stünde es, wollte der Gesetzgeber die schulische Erziehung auf das Persönlichkeitsbild des wehrwilligen Staatsbürgers, des verkehrsgerechten Autofahrers oder des aufgeklärten Konsumenten ausrichten.

Trotz des Erfordernisses einer gesetzlichen Grundlage für die Statuierung neuer Erziehungsziele bleibt noch ausreichender Raum für die Tätigkeit des Verordnungsgebers. Denn der Gesetzgeber ist weder verpflichtet noch imstande, alle Details staatlicher Erziehung selbst zu regeln. Leitet man die Notwendigkeit eines Gesetzes aus dem „Wesent-

---
[260] Vgl. oben S. 52 f.
[261] Vgl. oben A II 2 b.
[262] Vgl. oben bei Fn. 66.

lichkeitsvorbehalt" ab[263], so ergibt sich das notwendige Maß gesetzlicher Regelung aus den vom Bundesverfassungsgericht erhobenen Anforderungen[264]. Die „Feinlernziele" dürften dann in Verordnungen festgelegt werden[265]; jedoch wären pauschale Ermächtigungen ausgeschlossen[266]. Nichts anderes gilt, wenn der Eingriffsvorbehalt eine Erlaubnis durch den förmlichen Gesetzgeber gebietet[267]. Nach der dem Art. 80 I 2 GG entsprechenden Verordnungsermächtigung in Art. 70 S. 2 NW Verf. müssen Inhalt, Zweck und Ausmaß der erteilten Ermächtigung durch Gesetz bestimmt sein; „Tendenz und Programm" einer solchen Ermächtigung müssen so genau umrissen sein, „daß schon aus der Ermächtigung erkennbar und voraussehbar ist, was dem Bürger gegenüber zulässig sein soll"[268]. Die Zwischenglieder, welche die gesetzlichen Erziehungsziele präzisieren und mit der Schulpraxis verbinden, können also in Verordnungen geregelt werden. Der Gesetzgeber darf sich auf die Erledigung der wichtigsten normativen Angaben beschränken.

Da der nordrhein-westfälische Gesetzgeber bisher noch keine Anstalten getroffen hat, den verfassungsrechtlichen Anforderungen des Gesetzesvorbehalts gerecht zu werden, bedarf es auch keiner Untersuchung der Grenzen, die dem Staat bei der Verfolgung von Erziehungszielen gezogen sind. Als derartige Schranken sind — außer den grundrechtlichen Positionen von Kindern und Eltern[269] — das Verbot der Indoktrination[270], das Toleranzgebot[271], das Prinzip der Neutralität[272], der Grundsatz der Verhältnismäßigkeit[273], der Nachrang der schulischen

---

[263] Vgl. oben III.
[264] Vgl. oben S. 52, 53 sowie *Evers*, Erziehungsziele (Fn. 226), S. 136—143; *Starck*, Christian: Staatliche Schulhoheit, pädagogische Freiheit und Elternrecht, DÖV 1979, 269 (271 f.).
[265] Vgl. BVerwG, B. v. 15.11.1974, BVerwGE 47, 194 (199); U. v. 22.3.1979, MDR 1979, 1047 (1048).
[266] Vgl. *Ossenbühl*, Grundfragen (Fn. 1), S. 60 f.
[267] Vgl. oben II.
[268] BVerfG, B. v. 27.1.1976, BVerfGE 41, 251 (266).
[269] Vgl. oben II 3 e sowie *Eiselt*, Gerhard: Die Begrenzung schulorganisatorischer Entscheidungen von Legislative und Exekutive durch Kindes- und Elternrechte, DÖV 1979, 845.
[270] BVerfG, B. v. 21.12.1977, BVerfGE 47, 46 (84).
[271] BVerfG ebd. S. 83, 84; B. v. 16.10.1979, NJW 1980, 575, 578, 579; BVerwG, U. v. 22.3.1979, MDR 1979, 1047 (1048); *Eiselt*, Gerhard: Zur Sicherung des Rechts auf eine ideologisch tolerante Schule, DÖV 1978, 866; *Maunz*, Theodor: Lehrplan und Toleranzgebot, RdJB 1976, 264; *Preuß*, Ulrich K.: Lehrplan und Toleranzgebot, RdJB 1976, 267.
[272] *Niehues*, Schulrecht (Fn. 176), Rdnr. 152, 280, 323, 332, 335.
[273] *Erichsen*, Rechtsgutachten (Fn. 46), S. 47: „Bei der Bestimmung der Verhältnismäßigkeit der Begrenzung muß sich der grundsätzliche Primat des Elternrechts dahin auswirken, daß eine Begrenzung nur insoweit erfolgt, als dies zur Erreichung des staatlich-schulischen Erziehungszwecks unbedingt erforderlich ist."

VI. Unbeachtlichkeit und Korrektur des Verfassungsverstoßes

Erziehung gegenüber der Wissensvermittlung[274] und die pädagogische Freiheit[275] genannt worden. Diese sich teilweise überlagernden Grundsätze müßte der Gesetzgeber berücksichtigen, wenn er sich entschlösse, die gesetzlose Zeugnisreform für die Zukunft zu legalisieren.

---

[274] *Ossenbühl*, Grundfragen (Fn. 1), S. 41 f.; ders., DÖV 1977, 801 (808); vgl. auch *Erichsen*, Rechtsgutachten (Fn. 46), S. 59.
[275] *Kopp*, Ferdinand: Die pädagogische Freiheit des Lehrers, Grundlagen und Grenzen, DÖV 1979, 890; *Pieske*, Eckart: Der Gesetzesvorbehalt im schulrechtlichen Bereich unter besonderer Berücksichtigung der pädagogischen Freiheit, DVBl. 1979, 329; *Starck*, DÖV 1979, 269 (272—274).

Printed by Libri Plureos GmbH
in Hamburg, Germany